雄山閣アーカイブス　歴史篇

忍びと忍術

―忍者の知られざる世界―

山口正之

本書は、小社刊 新装版『生活史叢書2　忍者の生活』を一部再編集し、
新装版としてまとめたものです。

（編集部）

【刊行履歴】
初　版『生活史叢書2　忍者の生活』　一九六三年刊
増補版『生活史叢書2　忍者の生活』　一九六四年刊
新装版『生活史叢書2　忍者の生活』　一九八一年刊
江戸時代選書『忍びと忍術』　二〇〇三年刊

もくじ

第八編　忍話抄

第九編　忍者心得帖

序にかえて

十五世紀後半の戦国時代に、スッパとよばれる人間が戦場に現われた。これは戦国諸将の諜報作戦に使われた山賊・野盗の類いで、素性のよくないものが多かった。美濃・近江の中部地域の出身者が大多数をしめ、その数は二千人といわれた。渡りスッパといって浮浪人もいたが、抱えスッパは常勤として食禄が与えられた。斥候として、また奇襲部隊として戦線に出没した。しかし、スッパは小田原戦（一四九五年）を境として戦列から姿を消した。その後に現われたのが、忍者である。

忍者は独特の「術」を使った。それが忍術である。忍術は滋賀・三重の両県に跨る鈴鹿山系に生れた山岳奇襲戦術であって、いまでいう山岳ゲリラ戦術であった。応仁の乱（一四七七年）後およそ百年間、この地域は歴史上闕所《けっしょ》といわれて、どの大名の支配もうけない中立地帯であった。いわば、戦国台風の眼であった。それでは枝も鳴らさぬ太平天国であったかというと、そうではない。部落のリーダー（土豪）たちは、身分不相応な城塞を築いて、武を練り兵を養って、戦技を競った。コップの中の嵐を演じたのである。このようにして発達した特有の山岳戦術が、鈴鹿山系の両翼にひろがる甲賀・伊賀の両地方に育成された。これが世にいう甲賀流・伊賀流の忍術である。忍術史では甲賀・伊賀両流の本家争いがあって、あたかも別の系統に属する異質型のようにいわれるが、歴史地理学上の発展からみると、探れば同じ谷川の水で、鈴鹿山岳文化の系列に帰する。実は鈴鹿山系が、忍術の母胎であり、「忍術アルプス」であった。

忍術が、歴史の正面に現れるのは、江戸開府の当初であって、幕府の管理下におかれた忍び組制度にある。

これは江戸城を守る親衛隊であって、甲賀（百人）組は正門に、伊賀（二百人）組は裏門に配置された。皇居の裏門にあたる半蔵門は、伊賀組首領服部半蔵の宅趾《たくし》である。

徳川家康一代の危難として特筆されるのは、本能寺の変（一五八二年）の脱出事件である。変後、無援の窮地に陥った家康は、泉州堺から三河へ退避するとき、鈴鹿山系の難所を通過した。このとき甲賀・伊賀、の忍者たちは、進んで守衛・援護の任にあたった。甲賀もの、伊賀ものが、家康によって特別任用された理由は、ここにあった。と同時に、かれらの特技であった忍術を重視したところの忍者部隊であった。

忍術が、実戦に活用された史例は、枚挙に暇もないが、最後の場面は島原の乱（一六三七—三八年）であった。この攻防戦は長期包囲作戦であって、砲火を交えての要塞戦の様相を呈した。総指揮官老中・松平信綱は、甲賀忍者十名を現地徴用して島原に渡り、作戦本部に置いて活用し、縦横に駆使して勝算を練った。このように忍術は、戦国以後、諸大名によって作戦に利用され、忍者は大いに重用されて活躍した。従って忍術は、全国的に伝播してさまざまの流派を生み、三十有余の流派に分れた。それで名称も地方によって異り、「奪口」「山くぐり」「詹猿《のきざる》」「饗談」「三ッ者」などの異名がある。

忍者は、たえず身体を鍛錬し、孫呉の兵法を学び、技術を錬磨し、和漢の教養を積み、歌道に励んで忍歌を作り、いわゆる忍技・忍芸の修練にいそしんだ。また一方精神の修養を怠らず、正心を倫理綱領とする忍道を確立したのである。

太平の時代にいたって忍術の戦技が衰退すると、忍術は場を演劇に転じて歌舞伎に登場する。また忍者と自称する奇術師が現われて、その不思議なショーは市民の喝采をあびた。十九・二十世紀の終初における忍術講談は、空前の流行を招来し、立川文庫は飛ぶように売れた。いま忍術は映画に、テレビに、そして時代小説に生き、民衆のイメージとしてすくすくと成長しているのである。このようにして忍術は、わが民族国家とともに永存し、民俗文化の翼《つばさ》として無限に天かけるであろう。

いろいろの古典芸能には、秘伝の授受にさまざまの制約が要求されている。忍術の伝授は、原則とし一子相伝も許されない。絶対の秘密が厳守された。こういうわけで、忍術の研究には特別の困難がある。だが、ここ十年ちかく余暇をさいては、甲・伊両賀地方の文献・記録を博捜し、鈴鹿山系の各地を実査した。その間に皇居内の内閣文庫で、忍術学の大集成『万川集海《ばんせんしゅうかい》』を見出した喜びは忘れえない。また伊勢の神宮文庫でも、忍者関係の重要な史料を見て望外の恵みにあずかった。本書はその研究成果の一部であって、ひとまず文化史的立場から、忍術と忍者の生態を探求したものである。

忍術の研究は、ものがものだけに容易なわざではない。本書が忍術の解明に役立つかどうかは「忍者のみが知る」とだけいっておこう。

著者はいま彦根城外の井伊大老（号柳王）の旧居埋木舎《うもれぎのもや》の隣家に寓し、その余影を仰いで柳王荘と自称する。

（一九六二・一一月記、一九六九・四版）

柳王荘主人　山口正之

第一編　忍術と歴史

第一章　伊賀と甲賀

忍び組

徳川時代初期に「忍びの者」と呼ばれる集団が、組をつくって江戸城の表門と裏門を警備していた。表玄関である大手三門を守っていたのが甲賀組であって、大奥を守ったのが伊賀組であった。これはまた総称して忍び組ともいわれたが、出身地別に伊賀者・甲賀者とか伊賀衆・甲賀衆とも呼ばれた。蕪村の句に、

甲賀衆の忍びの賭や夜半《よは》の秋

というのがある。これは十八世紀中葉、蕪村が近江路を旅行した時の句で、秋の夜半に博徒たちが車座になって賭をやっている光景を、甲賀衆すなわち忍びの者にかけた秀句である。

忍び組は伊賀（三重県）甲賀（滋賀県）の士民を徳川家康が特別任用したものであって、いうまでもなく、その特技である忍術を身につけていた江戸城の親衛隊であった。若年寄の所管に属し、それぞれの指揮官に率いられ、数十人の与力に分属して同心という小部隊をつくって、昼夜を分かたず城内の将軍一家とその政庁を守護したのである。

伊賀組の起り

天正十（一五八二）年の本能寺の変で、織田信長が明智光秀の叛逆によって無念の最期をとげた時、信長の招きで堺の遊覧に出かけていた徳川家康は孤立無援の窮地に陥って、一時は自決をはかったほどであったが、側近に励まされて心をひるがえし、さまざまの苦難をなめて木津・宇治の両川を渡って甲賀から伊賀の山中に入り、両国の士民に導かれて、伊勢の白子浜《しらこはま》から海路三河に逃げ帰ったのである。これを伊賀越えの危難と呼んで『徳川実紀』の特筆するところであるが、この時護衛の任にあたった伊賀の二百名が特に任用され服部半蔵にひきいられて伊賀組を編成したのである。また一方江州では信楽《しがらき》の代官・多羅尾《たらお》一族に遇せられて虎口を脱し、甲賀武士美濃部・和田・武島らの来援があり、伊賀の豪族・柘植《つげ》清広一家の援護に守られて、家康は開運の第一歩を踏み出したのである。伊賀組の頭領・服部半蔵正成は三千石を給せられ、父・保長《やすなが》以来の旧臣で、三河の宇土城の夜討に十六で初陣の功をあげ、姉川・三方ヶ原の役に武功抜群豪勇の名をほしいままにして、鬼半蔵と呼ばれ、徳川三勇士にあげられた。当時の三河民謡に、

徳川殿はよい人持よ
服部半蔵は鬼半蔵
渡辺半蔵は槍半蔵
渥美源吾は首切り源吾
（『三河物語』）

とあるが、よってもって、その名声を知るのである。

半蔵は慶長元年に、齢五十五をもって没したが、そのあとを継いだのが、石見守正就《まさなり》である。どうもこの人物は、がた落ちであったらしい。素行おさまらず、父の没後十年足らずで家康の怒りに触れ、慶長九年に勘気《かんき》を蒙って母の父・松平定勝にあずけられている。その翌年の暮には大事件を起した。かれは伊賀組同心(部隊)を虐待し、奴僕のように酷使した。例えば自分の家の普請に際して、壁ぬりから材木切りまで割当てて命令し、従わぬときは給米を減らしたのである。そこで同心二百名は、大いに怒って奉行所へ密告し、弓鉄砲を用意して寺院に立て籠って反抗した。一方正就の訴えによって、幕府は同心の首領十名を捕縛して死刑に処し、逃亡したものは妻子を人質にしたので、自首して切腹したものもあったが、二名はなお行方不明であった。正就は憤怒やる方なく市井を徘徊して見つけ次第切り捨てようとした。たまたま伊奈熊蔵忠次《ただつぐ》の従者が使に出たのを、伊賀同心と間違えて白昼切り殺したのである。相手が悪かった。人もあろうに関八州の代官として家康の信頼を一身にあつめて徳川三百年の地盤を固めた経世民政の大立物伊奈熊蔵の従者を切ったのだから大変である。この頃江戸市中には辻斬りが出没して人心恟々たる実状であったが、正就はこの罪科によって三千石の御家人の地位と身分を剥奪されて、いわゆる改易に処せられるとともに、伊賀組同心は足軽大将大久保忠直・久米重勝・服部中保正・加藤正次の四名に分属せしめられたのである。伊賀組は四谷に空地を給せられて、その位置によって南伊賀町・北伊賀町と呼ばれた。

因みに、伊賀組定員二百名は、時代によって増減があるようで、三代家光が江戸城二の丸の拡張工事の際、寛永十二年六月に伊賀、上野の大名藤堂高次が割当てられた工事人員調べの中に、『忍び之者五百人頭』というのが記録されている。この頃は、五百人に増員されたらしい。

甲賀組の起り

徳川家康と甲賀武士とのゆかりは古くかつ深い。織田信長のために、桶狭間で奇襲をかけられて今川義元が惨敗してから、幼少年の時代に人質として今川家で養育された家康は、かれ本然の意識をとりもどし、信長と結んで公然と今川勢に反抗の旗をひるがえした。まず手はじめに、今川の一族鵜殿《うどの》長持の西郡の城を攻略した。この時である。家康は家臣牧野伝蔵と戸田三郎四郎が甲賀武士と親交があるのを幸とし、攻城総指揮の松井左近次忠次（後の松平周防守康親）の献策をいれて、忍びの術を利用しようとして伴与七郎資定・鵜飼孫六ら二百八十名の甲賀武士団を招いた。永禄五（一五六二）年三月十五日の夜、忍びの武士団は城内深く潜入し、数ヶ所の櫓に火をかけ、わざと声を立てず乗り入って切りまくった。鵜殿軍では何が何やらわからず、城中に返り忠（裏切り）の叛乱と誤まり、算を乱して敗走した。守将長持は城の北方護摩堂へ落ちのびたが、伴与七郎が馳せよって突き伏せて首を取った。また鵜飼の部隊は長持の子藤太郎長照を生け捕りにしたのである。この大勝は家康の運命の転換を促す契機をつくったものであって、翌年二月六日附、伴与七郎宛の感状（写し）が、いまも甲賀武士の子孫である石部町（滋賀県甲賀郡）の岩根家に伝わっている。（第二章『徳川家康が甲賀忍者に贈った感謝状』参照）

甲賀組制度の直接の原因となったのは、なんといっても関ヶ原の戦である。石田三成は機先を制して、徳川方の関西における拠点である伏見城を突いた。急を知った家康は江州瀬田の城主山岡景隆の弟道阿弥に訓令して甲賀武士の蹶起《けっき》を促した。まず第一陣として、百名が大挙して伏見城の救援にかけつけ、その後続々と続いて約三百名に達したというが、石田三成を旗頭とする西軍諸大名の連合軍の急襲によって孤立していた伏見城は遂に陥落して山岡道阿弥の弟源太景光入道甫庵も討死し、甲賀武士もまた多く戦死した。関ヶ原の大勝ののち、家康はその功績をたたえ、戦死者の子孫を任用して甲賀組を編成して与力十名、同心百名とした。そして統率者としては徳川幕府創業の功臣である山岡道阿弥に近江の国に九千石を与え、その内四千石は甲賀組百名の給分としたのである。道阿弥は山岡備前守景友といって、美作守景之が四男であり、前記の瀬田の城主景隆の弟である。はじめ僧となって暹慶《せんけい》と称して三井寺の光浄院に住んだ。戦国武士の常として、将軍足利氏から後に織田信長に仕え還俗して備前守と称したが、本能寺の変の後は、豊臣秀吉に属し、入道して道阿弥と称した。秀吉の没後は徳川に味方して関ヶ原の戦に武功群を抜いたのである。家康の信頼深く、道阿弥は子がなかったので、兄景隆の子図書頭景以《かげもち》が嫡子新太郎景本を養子としたが、慶長八年十月三日に景本八歳で初見の礼を行った。その時、家康はみずから道阿弥の邸宅を訪れ甲斐の武田信玄が秘蔵していた脇差を贈ったほどである。甲賀組の定住地については後述するが、青山に集団をつくって、甲賀町と呼ばれたのである。甲賀組の創設記念日は徳川家康に招致された甲賀隊が、伏見籠城戦で戦功をたてた慶長五年（陽）八月一日である。郷土甲賀では毎年祭典を催して、その日を記念するとともに戦死した祖先の霊を慰めたが、二百五十年に当る嘉永二年には幕府から特に追善供養の資として銀七十枚が与えられた。滋賀県甲賀郡の各地—甲南町野田の慈眼寺、水口町宇田の唯照寺などに現存する墓は、その時の供養碑である。

岡部藩五十人組

江戸城警備隊としての甲賀百人組のほかに、藩侯の中には、これにならった独特の警備組織を編成したのがあり、岡部藩の甲賀五十人組というのがそれであった。その起源はこうである。百人組は前述のように百名の同心（部隊）と、それを率いる与力が十名ほどあって、同心十名ずつをそれぞれ支配したのである。そこで厳密にいうと、百十名から成る集団であった。

この与力十名の中に、梅田武左衛門と和田曾兵衛の両名がいて、美濃の大垣城主・岡部内膳正長盛にとり入って甲賀組の配属を申し出た。長盛は関ヶ原・伏見の戦での甲賀古士の武勇と忍技を目のあたりに見て感心していたので、五十人組を編成して採用したのである。時に寛永九（一六三二）年のことであった。その後長盛の跡目を相続した宣勝は播磨の竜野城を経て、摂津の高槻城から和泉の岸和田城に移って代々ここに住みついたのである。そんなわけで、甲賀五十人組も岸和田に所属した。その一人であった中井七郎右衛門の記録によると、岸和田の城下に定住するもの、すなわち現役一名については、十五石三人扶持が支給されたが、非役《ひやく》の者は、居扶持（在郷手当）が授けられて、一名について五石五斗が給せられたのである。もちろん在郷のものも伝来の甲賀鉄砲の訓練を怠らず、緊急召集の際には城下に駆けつけて出動する約束であった。

同人の記録に、

　万一要用の節は、御馬の両輪に召し連れらるべしとの契約にて御座候

と述べている。すなわち万一の非常の場合には親衛隊として側近に馳せ参ずるという契約である。この記録は元文三（一七三八）年八月の差出帳に明記されていて、いま甲南町（滋賀県）の八幡神社の所蔵である。この時に編成された五十人組の氏名は、この中井七郎右衛門の外に大原孫兵衛、同角右衛門、同勘右衛門などが知られている。この編成の次第からみると、明らかに江戸百人組の支隊である。

伊賀組の役目

本能寺の変のあと、徳川家康が伊賀越の危難を脱して帰国すると、すぐさま同年（天正十年）の六月十五日に護衛の任にあたった伊賀の士民二百名を尾張の鳴海《なるみ》に召しよせて厚遇したが、いよいよ江戸城に入って三百年の基業を開くと、この二百名には四谷の地に、千貫文の土地を与えて定住させた。これが伊賀組の起りであって主領である服部半蔵に対しては、江戸城の西門外に屋敷が支給されたので、この西門を半蔵門と呼んだ。

さて、家康は伊賀組に、どんな役目を授けたのであろうか。とりあえず江戸城大奥の護衛という重要な役目が与えられた。その後だんだん江戸城の城廓施設が整備され、三代家光の頃になって、武家都制ができあがると、伊賀組の職分も明確に規定されて、大奥守衛のほかに政務の一部まで担当するようになった。すな

【表1】

明屋敷番《あきやしきばん》	明屋敷預りともいって、将軍家が各所に持っている御殿や、大名の屋敷で空き家となっているのを処理する事務官の補佐役（書記）である。ここには番頭が三人おり、その下に伊賀者百十名が勤務したのである。これは大奥財務の役目であって、大名や出入の商人に対し相当に巾をきかした。
御広敷番《おひろしきばん》	御広敷は将軍の奥方をはじめ四百名にのぼるさまざまな階級の女官が住む大奥にある男子の詰所であって、御広敷門から出入する。大奥の一部ではあるが、御錠口《おじょうぐち》という厳重な境界があって、別に一廓をなしている建物である。もちろん大奥を守護するのが本務であるけれども、時には奥方の代理として、寺院などに派遣される高級女中の輿にもつき添った。伊賀者の詰所は御広敷門に連なる長屋が当てられていた。
小普請方《こぶしんかた》	小普請奉行に属している事務書記であって、大奥や紅葉山《もみじやま》の歴代将軍の霊所《みたまや》増上寺・浜御殿の営繕をつかさどる役目である。奉行の下に伊賀組頭が三人いて、その配下に伊賀者普請方十名（給与は三十俵三人扶持）が勤務したのである。これは元禄二年に新設されたものである。
山里番《やまざとばん》	西ノ丸非常口の山里櫓の門を警備した伊賀者をいった。

わち、大奥制度の確立とともに、財務の一部にもたずさわり、だいたい次の四つの職務をつかさどった。(【表1】)

このようにして、いわゆる徳川三百年の太平が確立するとともに、江戸城裏門の親衛隊の役割を与えられた伊賀組は、次第にその本来の任務から離脱して幕政の一部に参加して官僚的な、しかも世襲の地位を獲得して、押しも押されもせぬ、社会的・経済的地歩を築いたのである。これに反して、正門を守った甲賀組が終始一貫、親衛隊の任務を堅持したその古武士的な風格と比較すると、それぞれのお国気質が反映して興味ある対照をなしていた。

甲賀組の役目

甲賀組が、関ヶ原の前哨戦である伏見城の防御戦で討死した甲賀古士の子孫が徳川家康の江戸入府とともに、その護衛のために特別任用されて江戸城の本丸と正門である大手三門を守護する大役に任じたのは前述の通りであるが、いま少しその勤務内容について述べてみよう。江戸城の本丸は将軍の居館であると同時に政庁であった。表と奥に分れていて、表が政庁で、つづいて中奥があって、ここが将軍の住居である。大奥は夫人と上臈・中臈・年寄以下数百名に達する女子勤務者の居室であった。本丸の正門は大手門である。この門は最も厳重に固められて、順々に三つの門があって大手三門といった。第一は大手門で、ここを通ると下乗門《げじょうもん》があって入城する大名たちはここで乗物からおりなければならない。第三が中の門でこれをくぐると本丸の玄関に入るのである。

大手三門の守りは、十万石以上の譜代である徳川方の大名が勤仕するならわしであった。番侍が十名、常に肩衣《かたぎぬ》を着て、平侍《ひらざむらい》は羽織・袴で威儀を正した。武具には鉄砲二十挺に弓十張、長柄の槍が二十筋、持筒（小形の大砲）二挺並に持弓二組があった。甲賀百人組は三門にそれぞれ分属したが、その余のものは殿中の警備にも当たった。いまも皇居内に百人詰所の建物が残っている。

江戸城に大名たちが参集するのを登城といった。これは定例のほか、将軍家の慶弔や緊急の用務の時などさまざまであった。その時の大名の控え部屋は、譜代（徳川系）と外様（豊臣系）、いいかえると与党の大名と野党の大名によって大別され、また家格・禄高などによっても類別され、殿中席次がはっきりと定められて、大小多数の部屋に分れていた。序列からいうと、大廊下、溜りの間、大広間、帝鑑の間、柳の間、菊の間、それに雁の間などがあった。次にこれらの部屋に参集する諸侯の顔ぶれと門地・家格を紹介する。

【表2】

大廊下	上下の二部屋に分れ襖に浜千鳥を画いている。上は徳川の直系である水戸・尾張・紀伊の御三家、下は外様ではあるが家格の高い前田（加賀）島津（薩摩）の巨人格の大名と徳川の一門である松平諸家が詰めた。
溜《たま》りの間	親藩か譜代の大名で元老格の優遇を受けた、例えば井伊・松平（高松・会津）などで、登城の際は老中の上に着座した。
大広間	国持大名と御三家の親戚大名と外様大名の中で家格の高いものが詰めた。襖に松に鶴・松に雪それにただ松一色が画かれて、三室に分れていた。
帝鑑の間	原則として譜代十万石級の大名が控えた。唐（中国）の帝王の事蹟が画かれて、鑑《かがみ》とする寓意をあらわした部屋。
菊の間	主として三万石級の譜代大名。籠に菊が画かれている。
雁の間	前に同じ。苅田に雁の絵が画かれている。
柳の間	外様大名で十万石以下の大名。雪と柳が画かれている。

【表2】のように整然と控え部屋が区別されていたが甲賀組の組頭は、第五の菊の間で三万石級の譜代大名が参集している南敷居の外であった。ここは竹の廊下を隔てて中庭があったので甲賀組の一部も、こんなところに（庭番として）たむろしたのであろう。菊の間の南敷居外に控えたのは、この外に御旗奉行・御槍奉行・御持筒頭などもあって、いわば殿中警備係の詰め所であった。甲賀組の給分は（組頭は五千石）はじめは四千石を分配していたが、天和二（一六八二）年に七百俵を増給されて、与力は八十石、同心（部隊）は一人当り三十俵二人扶持（または三人扶持）となった。

江戸伊賀町の由来

徳川家康が江戸入府（天正十八年）とともに服部半蔵に率いられた伊賀組二百名は、半蔵門前一帯に展開して居住した。大部分の百四十人が一ツ木方面（幕末まで赤坂伝馬町の裏通に一ツ木町の名が残った）で、久保町・原宿までひろがって、実は赤坂開発の祖となったのである。この時半蔵の屋敷は四谷（後の仲町）に定められたが、三代家光の折、寛永十二年四月に四谷門外に南北に分れて替地をもらって移転したのである。

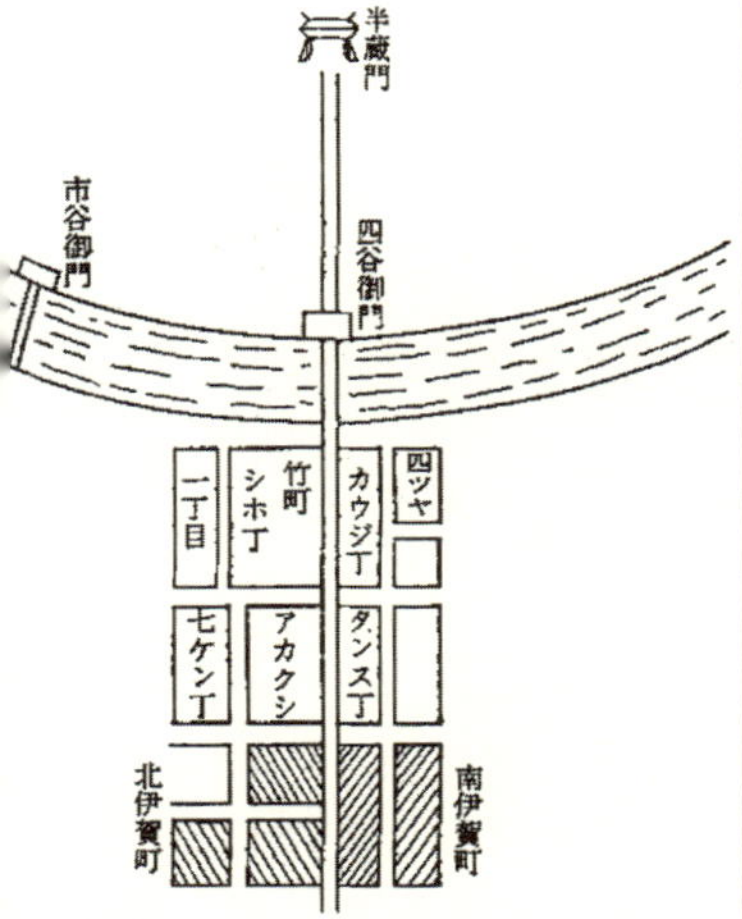

【図】古地図（天保版）に見る伊賀町

今でいえば四谷見附から同二丁目の間である。江戸時代の地名でいえば、伝馬の裏通りと天王横町に展開して都合屋敷が十七ヶ所、北伊賀町の続きに一ヶ所箪笥町の続きに二ヶ所が点在したのである。

文政九年に刊行された万世江戸町鑑によると、

伊賀町てんま三丁目　北横丁

とある。

また同鑑に伊賀町とならんで忍町がある。これはいま伊賀上野市にある忍び町が伊賀忍者の住宅地であったのと違って、武蔵の忍《おし》城に勤務した侍屋敷から出た町名である。『御府内備考』には、伊賀者の氏名と屋敷が坪数まで明記され、それに有領の年まで記録されていて、探求をそそるものがある。（【表3】）

以上によってみると、寛永十二年の移住前から住みついていた者（亀井嘉十郎の例）があったことが判明するとともに、同年以後でも転住してきたものが多数にのぼることがわかる。

この外に飛び屋敷といおうか、同じ明屋敷番であって、仲町にいすわって（?）移住しないものもあった。次の二例がそうである。（【表4】）

また職分が違っていたためであろうか、御広敷

【表3】

職名	氏名	拝領年	坪数
明屋敷番	飯田兵蔵	寛延元年	一五一
〃	椎名倉次郎	〃	一五二
〃	平山小三郎	〃	一五二
〃	刑部清次郎	〃	二〇五
〃	高井清五郎	寛政元年	一六一
〃	尾瀬久米之進	同　六年	九八
〃	後藤丹造	元文三年	一六八
〃	磯田序助	寛永十二年（元組頭領）	
〃	松山惣八郎	〃（〃）	二四〇
〃	伊野原善次郎	〃（〃）	
〃	内田弥作	〃	二四九
〃	忠岡半蔵	享和三年	一五七
〃	村山兵衛	寛永十二年	二三五
〃	亀井嘉十郎	同五年	一八八

【表4】

職名	氏名	拝領年	坪数
明屋敷番	波多野藤七郎	寛宝三年	五三
〃	菊池金四郎	不詳	一四三

【表5】

職名	氏名	拝領年	坪数
御広敷番	岡田増吉（若松町）	寛政五年	八六・六
〃	木村新三郎（浅河町）	〃	四八・九五

番であった次の二名は、甲賀町の近くの青山の若松町と浅河町に住んでいたのである。（【表5】）

ようするに伊賀町は家康の入府と同時にはじまって、間もなく半蔵門外の原住地から発展して四谷門外に伊賀者の聚落をつくって南・北伊賀町が公認され、その職分によっては、青山の一部にまで拡がっていたことが判明するのである。

江戸甲賀町の由来

江戸城の正門を守り、将軍一家が起居する本丸の殿中警備に当った甲賀百人組は、いったい江戸のどのへんに住んでいたであろうか。同じように江戸城の大奥を守った伊賀二百人組の住所である伊賀町が比較的文献・記録を残して割合明確であるのに反して、どうもはっきりしない。百二十年ばかり前に発行された、『万世江戸町鑑―文政九年刊』にも記載されていない。町鑑というのは、町奉行に届け出て認可を受けた公式の町名簿である。代々の江戸地図にも出てこない。例えば天保版の江戸古図にも、たしかに青山あたりにあるべき筈であるのに記入されていない。どうもおかしい。

徳川幕府中期に作られた『御府内備考』（雄山閣刊全六巻）には、

　　甲賀町は甲賀百人組屋鋪の里俗名なり

であって、公認でないといっている。その甲賀町は御爐路町の北に位していて、六道辻（明治神宮絵画館附近）の南西に当るともいっている。また三村清三郎の『一　江戸地名集覧』を見ると、四谷の霞ケ丘町にあるとしているから今の新宿区の同町で、だいたい神宮外苑の日本青年会館の附近ということになる。これが世に伝わるところの、青山甲賀町である。どんな住宅街であったかについては、明治三十六年東陽堂発行の『新撰東京名所図絵』を見ると、「入口に木戸があり、町内は縦横に路地が通っていて、南の方にお稲荷さまの社があって、江戸時代には青山甲賀町といったが、明治になって千駄ヶ谷用賀町」と称したと述べている。すなわち明治二十二年東京市制の際に行政区劃の変更によって、千駄ヶ谷区に入れたのである。

以上のように甲賀町は、その起源と歴史が明瞭を欠いているが、その発祥を駿河台方面であったともいうし、笄町《こうがい》であったとも、諸説まちまちであって判然としない。しかしながら二代将軍秀忠の頃には、青山甲賀町であったろうことは、江州甲賀町（滋賀県甲賀町田堵野）の旧家大原家の有名な系図に、関ヶ原の前哨戦である伏見の籠城で戦死した篠山彦十郎の子景末が、秀忠の勧誘によって江戸に移住して弥次兵衛と名乗り青山甲賀町に定住したことを記録しているところからも、うなずかれる。

ここに一つ、その起源を想像づける甲賀坂というのがある。麹町一番町の南にあって、半蔵門前からすぐの今の麹町二丁目の手前にある警察署附近の坂道である。この地域は家康が入府（天正十八年の江戸入り）と同時に服部半蔵に率いられた伊賀組二百名に対して最初に与えた土地である。著者は山岡道阿弥に所属した甲賀百人組も、伊賀組と同じように、この地域に住居したであろうという憶測をたくましくする一人である。すなわち家康の入府当初は江戸城は荒廃した一古城に過ぎず、城下町の編成など思いもよらぬ時期であったので、伊賀組も甲賀組も、半蔵門外の地域一帯に散村をつくり、伊賀組が寛永十二（一六三五）年に四谷に移ったとき、甲賀組も同じように青山（今の新宿区霞ヶ丘町辺）に定着したのであろうと思われる。ところが、古来から甲賀・伊賀両町の発祥について笄町の伝説がある。これは今の港区塩布笄町の起立伝説であって、徳川家康が入府のとき、甲賀・伊賀の両組に与えた給地であるから甲賀・伊賀から転託して「こうがい」町というまことしやかな伝承である。ここはもと笄橋というのがあって、天保三（一八三二）年斎藤幸雄あらわすところの「江戸名所図絵」にも、「青山長者ケ丸の谷間《あい》の小溝に架けた小橋である」として、その図を載せているが、この橋名の笄について古くからいろいろの諸説がある。すなわち、

1 小貝の説
この辺一帯は古い時代に小貝「こかい」の郷といわれたので、小貝の橋と呼んだというのである。

2 この地域の民衆が公役に従事して、お叱りを受けて申訳がないといって後悔したから「こうかい」橋と呼んだ。

3 源経基が、平将門の叛乱を内偵しようとこの地へ来て、帯刀の笄を関守に渡したからという説。

4 甲賀・伊賀両組の居住地であったから、ゴウガ・イガ即ちコウガイに転訛した。

以上の四つの説話は民間伝承として棄てがたい味わいをもっているが、こじつけも多いようで、菊岡沾涼が享保十七（一七三二）年に著わした『江戸砂子』という俗談集が伝えるところである。さすがに『御府内備考』も決しかねて、「正否を知らず」と逃げているが、なにしろ家康の江戸入府の頃は、半蔵門附近も人煙稀薄の荒涼たる武蔵野の辺地であって、伊賀・甲賀両組の任務から考えても、こんな土地を選ぶとは思われないのであって、信じられない。この四説の中で、比較的正しい姿―歴史的な原形を伝えたものとして、小貝説に耳を傾けたいと思う。

伊賀忍者の名簿

今から三世紀も前の延宝四年に作られた忍術の古典秘書である『万川集海』の巻首に、忍術問答と題する一篇があって、忍術発展の歴史が問答体で記してあって、斯道の宝典として珍重されているが、その中に忍術の名家十一名が列挙されている。

①　野村の大炊孫太夫
②　新堂の小太郎
③　楯岡《たておか》の道順
④　下柘植《しもつげ》の木猿（大猿）
⑤　同　小猿
⑥　上野の左
⑦　山田の八右衛門
⑧　神戸《かんべ》の小南
⑨　音羽の城戸
⑩　甲山（高山）の太郎四郎
⑪　同　太郎左衛門

以上の十一名は延宝四（一六七六）年を現在として、音に聞えた伊賀忍者の名簿である。この人名の中で

⑥の上野の左というのはひだりと読んで左衛門の略称である。ある忍書によると（伊賀上野市冲森本）④⑤の木猿・小猿は大猿小猿と書かれており、また⑩の甲山の太郎四郎は高山とも記されている。いずれにしても、どの名人も庶民的な愛称をもって呼ばれている点が、甲賀忍者の武門らしい呼び名とおもしろい対照をなしている。

さて、右の十一名人の名に冠せられた

○野村　○新堂　○楯岡　○下柘植　○上野　○山田　○神戸　○音羽　○高山

これらは、いづれも地名であって、このうち神戸を除いた八つはみな三重県阿山郡内に散在し、野村・山田・上野の三つは伊賀、上野市とその近郊であって、神戸だけが名賀郡に所属している。三世紀以前の伊賀忍者の分布を物語るとともに、その勢力圏がうかがわれて興趣をそそるものがある。別篇の甲賀忍者の名簿を参照すれば、おのずから判然とするが、甲賀・伊賀の忍者圏は甲伊の国境を越えて、大体今のＪＲ草津線と信楽高原鉄道線それに関西本線をもって囲む範囲であったのである。いわば甲伊両国の鈴鹿山岳地帯に発展した独特の山岳兵法であり、山岳武術であったことが、ひとりでに理解できる。

さて、右の伊賀忍術十一名家については、山田の八右衛門のように伊賀上野の一の宮における刀抜き取りの話（第八編・忍話抄参照）で名高い秘術を残している外、音羽の城戸や新堂の小太郎なども断片的な逸話を伝えているものもあるが、他の名家は名を残すばかりで、その行動を記したものがない。そこで比較的まとまった行動記録を伝えている楯岡の道順の攻城戦術について述べることとする。

近江の国に佐々木左衛門督左京大夫という大名がいた。足利将軍義輝に仕えた佐々木家の二十世に当り、入道して承禎といい、抜関斎と号して、特に将軍義輝の一字を貰って義賢と名乗った。慶長三年に没した名将であったが、部下の侍に百々《どど》という奸臣がいて、同国の沢山城（いま佐和山）に立て籠って叛旗をひるがえした。義賢は烈火のように怒って、包囲攻撃すること、数日に及んだが、これを抜き破ることができなかった。そこで、義賢は忍者を雇いいれて、討ち滅してやろうと考え、楯岡の道順を召しよせて沢山城の攻撃を依頼した。道順はその請をいれて、伊賀の忍者四十四人と甲賀の忍者四人を部下として寄せ集め、沢山城の乗っ取りに向ったが、その出陣に当って、伊賀と甲賀の国境にある湯舟（現在三重県阿山郡）の平泉寺の附近に住んでいた陰陽師の宮杉という家に立ち寄って吉凶を占った。宮杉はほかならぬ道順の頼みとあって、いとおごそかに占いをたてたところ、「吉」と出たのである。宮杉も大変喜んで、門出を祝って、次のような和歌一首を贈った。

沢山に百々《どど》となる雷《いかづち》も
いがさき入れば落ちにけるかな

これは道順の苗字が伊賀崎といったのを詠みこんだ歌であった。伊賀崎道順は非常に喜んで、銭百匹を礼として贈った。道順は部下の忍者四十八名を引き具して、大名佐々木義賢に目通りして、作戦計画の打ち合わせをし、忍びの術をかけたのである。この時道順が用いた術は、『妖者《ばけもの》の術』という攻城の秘術であった。これは敵将百々の陣営に用いている提灯の紋を盗んで、同じ提灯を作り、四十八名を小部隊に編成し夜陰に乗じて、その提灯をかかげて敵城に入って火をかけたのである。敵が驚いて混乱に陥った時に、四十八名が敵の張番や夜廻りに変装して、あばれまわった。敵は返り忠（裏切り）だとあわてふためいているとき、佐々木義賢は大兵を繰り出して敵城に攻めこんだ、百々の兵が火を消そうと懸命になると、佐々木軍がトキの声をあげて突貫してくるし、防戦に懸命になると、火の手が強くなるし、奔命に疲れ果てて、サンザンに打ち敗れた。これが、『万川集海』に記されている有名な道順の秘術である。

このほかに、音羽の城戸についていては、次のような武勇談が伝わっている。

天正九（一五八一）年に織田信長は伊賀平定の後に、近臣を引き連れ視察の旅に出て、伊賀一の宮（現敢国神社）に詣でて、しばらく休息して、荒れ果てた戦塵の後を眺めていた。その時である。信長をつけねらう三人の伊賀忍者がいた。音羽の城戸と土橋の原田木三とそれに印判官という三名であった。ねらいを定めた大鉄砲三挺。三方からの一斉射撃に、あわや信長の一命絶つかに見えたが、天運信長に幸いして、側近の侍七、八人を打倒しただけであった。それッと、信長の近臣は弓矢をもって追いかけたが、三名は雲を霞と逃げのびて、音羽を指して帰ったというのである。

これは、約一世紀半前に書かれたという、『伊乱記』（三巻）に記されている記事であって、「伊賀忍というは、これらの末流なるにや」と結んでいる。

甲賀忍者の名簿

甲賀武士というと忍士、あるいは忍者を連想する人があるかも知れないが、必ずしもそうでない。忍術という技法が技法だけに、その理論と学習が、非常にむずかしく、またいろいろの流派に別れて互いに秘密を守ったので、なかなか正体がつかみにくい。一般に四十九の流派に分れていたという。なんといっても忍術の黄金時代は戦国時代であって、甲賀忍者を最もよく利用して攻城野戦に大勝を博したのは徳川家康であろう。永禄五（一五六二）年に鵜殿長持が立て籠る西郡の城を攻めた時に、甲賀の忍者団二百名を招いて奇勝をあげたのは名高い。その後、江戸時代に入って三代将軍家光の時に勃発した島原の乱に従軍した、十名の忍者団の活動は目ざましいものがあって、包囲軍十四万将兵の耳目を驚かした。しかしながら、これは戦乱という異常時に風のように現われ、また風のように去った忍者群のワン・カットにすぎないので、忍者の家柄がどれどれであり、どこどこに定住してどんな訓練をしていたかは、遺憾ながら雲をつかむようで判然としなかった。

最近著者は、寛政元（一七八九）年二月付の甲賀忍者二十一家の名簿を見出した。これは甲賀の名家山中家の古文書であって、いま伊勢の神宮文庫にある。次のような文書である。

甲賀二十一家

1 馬杉村 滝 留三郎
2 三大寺村 鵜飼 四郎兵衛
3 北脇村 隠 岐 守一郎
4 土山宿 望 月 左 近
5 上田村 大 原 三之助
6 和田村 和 田 喜八郎
7 隠岐村 隠 岐 善五郎
8 田堵野村 大 原 数 馬

9 野田村 望月仙蔵
10 油日村 上野八左衛門
右ノ者ドモ儀別シテ願書ノ内ニ御座候秘術伝来ニ心掛罷在リ候
1 平松村 宮嶋作兵衛
2 同 宮嶋小平太
3 同 針文次郎
4 夏見村 夏見玄助
5 伴村 伴五郎左衛門
6 東寺村 青木善蔵
7 宇田 山中藤内
8 櫟野村 大原長次
総代 上野八左衛門
右ノ者共段々困窮仕リ術等心掛等閑ニ相成候此ノ外弐軒改歿仕り候

寛政元年二月

右の名簿の第一群に属する滝留三郎以下の十家については、別して願書の内に御座候といっているが、これは寛政元年に寺社奉行松平右京亮を通じて、甲賀忍術の保護振興について請願した書類に登載しているという意味であって、本文書は同請願書の添附文書の控えと思われる。ことに興味を覚えるのは、秘術伝来に心掛けているとしている点で、甲賀忍家二十一家中のA級として修練を積んでいる名家群と認められていることである。宮嶋作兵衛以下八家は第二群に属し、これらは「だんだん困窮仕り術など等閑に相成候」として、すでにB級に落ちていて、その外の二家は没落して所在不明の状況であるというのである。残念なのは、甲賀二十一家と題記しているにかかわらず、A級十家・B級八家・没落組二家で、合わせて、二十家であって一家を脱しているのであるが、ともあれ二世紀前における甲賀忍術盛衰の断面図としておもしろい。在古文書の所蔵者であった山中（藤門）家が、忍家としてはB級に位しているのも興趣を感じさせられるが、総代として重きをなしている上野八左衛門の風格が偲ばれる。

次に忍家の所在が明記してある点がありがたい。甲賀地方における、忍家の分布図が描けるのである。郡内七町―石部・甲西・信楽・水口・甲南・甲賀・土山各町のうち、信楽町を除いて、六ヶ町に分布しているが、その密度は甲賀町が最も高く、A級十家の中で、和田喜八郎（同町和田）・隠岐善五郎（同隠岐）・大原数馬（同田堵野）・望月仙蔵（同野田）・上野八左衛門（同油日）の五家は、実にここにある。甲賀忍術界の王者たるの地位を占むるゆえんである。その他はAB両級とともに、石部・甲西・水口・甲南・土山の五ヶ町に点在しているが、全体として通観するときに、石部・水口・土山・鈴鹿峠を結ぶ線―古来、

坂は照る照る鈴鹿は曇る
あいの土山雨が降る

で、名高い旧東海道筋に栄えずして、今のJR草津線の沿辺に密集している。これは注目すべきことがらであって、忍術史の探究の眼目である、別篇の伊賀忍者の名簿を参照していただけば明白であるが、甲賀忍術といい、伊賀忍術といっても、要するにその発祥国は、鈴鹿山系の伊賀・甲賀のアルプス地帯に発達した山岳兵法であり、武術であって、いわゆる伊甲両陽を発生面とするのである。武家政治の歴史から考えると、甲賀三郎兼家の支配下にあった領土を、その系統的発生地と指定することができるからである。

以上のように、甲賀町は忍者の銀座通りの観を呈したが、今も町内の田堵野の大原家は甲賀武士の名族として代々数馬を襲名し、有名な忍術秘書『万川集海』（二十二巻）をはじめ、忍び船などの関係史料その他貴重な文献古文書類を所有しており、甲南町竜法師の忍術屋敷（旧望月家）とともに甲賀忍術遺蹟の双壁である。

大坂の陣と忍び組

大坂を中心とした冬夏（一六一四〜五年）二回の両陣は、徳川系と豊臣系の大名の総決算ともいうべき国内最大の戦争であった。結果は豊臣方が壊滅して、徳川方の江戸主権が確立したのである。それだけに彼我の攻防は人力をつくし智略を傾け、その戦局の規模において、火器の利用において、まったく近代戦の様相を呈した。天険地利に乗り、堅美をかねた金城鉄壁、周廻三里八丁の大坂城は、豊臣秀吉の雄図をさながらに具現したものであった。そこでまた戦前戦中を通じての両者の謀略作戦も、前後に絶するものがあって、忍び組の活動もめざましい限りであった。

いちがいに忍び組というが、忍び組には二つの種類があった。伊賀・甲賀両組のように、幕府の職制に規定され、若年寄の管理に属するものと、大名または部将との随意契約によって、一定期間雇われる忍び（個人または集団）組もあった。実は後者が、忍びの者本来の姿である。

伊賀組は統師服部半蔵に率いられて天正十（一五八二）年以後十数度の戦争に参加して徳川家康に忠勤をはげんだ。半蔵の子正就が失脚して統率者は代わったけれども、大坂の陣には勇躍して参加したのである。甲賀組もまた二代目の組頭である山岡景次指揮のもとに、与力十名（騎馬）百名の同心は鉄砲隊として戦線に現われた。遊撃部隊として、伊甲両賀の鉄砲組が随所に出没して戦勢を転換して、徳川方を有利（上杉景勝の苦戦）に導いたことは『難波戦記』の物語るところである。冬の陣のとき板倉勝重が忍び組数十名を城中に潜入させて、離間の策を演じ、大坂方に内紛を起して、守将大野治長が南条忠成の二心を攻めて詰腹を切らせた事件は『徳川実紀』にも見えている謀略術である。

攻防の最中に城内から城外から、両軍が互いに放った矢文―弓で放つ秘密通信文の数は、実におびただしいものであった。それは忍び組が日頃練磨した忍技の一つであった。豊臣方の勇将であり稀代の戦術家であった真田幸村が、大坂城の一角の真田丸に陣どって、奇策をめぐらして徳川軍を悩ましたとき、徳川家康が、やれ十万石をやるの、信州一国を進呈するのといって投降を勧誘した謀略もこの矢文であった。幸村は矢文でまた拒絶し、二回目は返事も送らなかったという。しかしながら大坂冬夏の両陣で、彼我の忍者の行動は、いわゆる秘密の行動で、正確にキャッチできない。

大坂冬の陣の総構えを書いた古図を見ると――本丸・二の丸・三の丸の構図と八万二千九八〇名の防御配置を詳記した絵図面であることが判る。真田丸の部分に注目すると、推察通り、実は真田丸の三の丸が忍び組三十名の詰所だった。徳川将兵を五十万を翻弄した名将幸村の影法師三十名は、ここにいたのである。大坂陣の戦史料として、とくにまた乏しい忍史学図面として貴いものである。

ついでに、本絵図の由来について一言したい。

江州水口の藩主・加藤明軌（居城は碧水城といって、現在滋賀県立甲賀高等学校）は嘉永二（一八四九）年大坂城加番を命ぜられた。加番というのは定番の補佐であって、定番が常住であるのに対し、加番（四名）はそれぞれ四ヶ所に別れて山里・中小屋・青屋口・雁木坂を守備する。勤務期間は、八ヶ月交替であった。加藤明軌は第一加番として山里丸に勤務したが、譜代二万五千石の水口藩主は代々加番を仰せつけられ、明軌の先々代明允は文化七年に、その前の明熙も宝暦四年に当っている。藩医朝日国治（名は昌貞）は明軌に随行して、山里丸で起居をともにしたのである。ここは算盤橋を渡って青屋口門をくぐり極楽橋を経て参入する大坂城の別館であって、豊臣氏滅亡の悲劇につづられた記念の場所である。侍医国治はここに八ヶ月滞在中二つの大坂城図を筆写した。すなわち、

一　大坂城之全図
　嘉永二己酉山里丸城内ニ於テ
　朝日国治　自写

二　大坂城之全図
　嘉永二年己酉歳田水口藩主山里丸御加番中同城内ニ於テ国治ノ自写スルモノナリ

であって、二つとも折り本作りで、製本のとき国治が表紙に自書したものである。

（一）は嘉永二年当時の大坂城立体構図（二尺九寸×三尺三寸）である。いまの大阪城を見るとき、えがたい絵図として推賞したい。

（二）は前述の通りで、（一）よりも少し小さく（二尺五寸二分×二尺四寸五分）、当時城内に保存されていた古絵図を丹念に模写した彩色図である。

朝日国治は水口藩医として二代目（初代昌菴の子）であった。江戸に住み、学才があって文墨に秀で、儒者林寉梁・西島藍渓・宮田五渓らと親しみ、各藩の「おさじ」（侍医）間でも名声があった。

彦根藩の忍術―彦根伊賀町の由来―

彦根市に伊賀町という町筋がある。一本筋の町で世帯数は三十一で人口は一三七（編集部註・昭和37年現在）である。

ここが実は伊賀忍者の屋敷あとであって、開基の由来は三五〇年前にさかのぼる。駿河武士の名門の三浦右衛門元貞は井伊家初代の直政がたいへん可愛がった重臣であった。元貞は初め与三郎元貞といって今川義元に仕えていたが、義元が桶狭間の一戦で織田信長に敗れてのち、徳川家康に召しかかえられ、天正十一年十一月甲州若子原の戦功によって認められ、家康は元貞を井伊直政に与えた。元貞は身命を惜しまず直政に忠勤を励んだが、ことに慶長五年の関ヶ原の激戦で直政は薩摩の島津義弘と戦って右腕に銃丸を受けた。その時元貞はやにわに馳けよって持参の黒薬をつけて出血をとめた。この負傷がもとで直政は翌々年二月に病死したが、関ヶ原役後その功によって、知行六百二十石を与えられ、その後二百石を加増された。

慶長十九年十一月の大坂冬の陣では、元貞は伊賀衆を特戦隊として活躍し、同年十二月四日真田幸村が大坂城に特設した真田丸に奇襲をかけた。真田丸には幸村がよりすぐった忍者三十名がたむろしていたが、元貞の率いた伊賀忍者のためにさんざんの敗戦となった。彦根藩二代の井伊直孝は特に感謝状を与えてその勲功を賞した。ところが伊賀忍者隊は論功行賞のことからモメはじめ、故国に帰還するものが続出した。そこで元貞は元和元年夏の陣ののち、豊臣一家が滅亡すると、わざわざ伊賀の名張まで出向いて伊賀衆の信仰篤かった永福寺に滞在し慰撫にこれつとめて一同を召し連れ、彦根の城下に土地を与え居宅を割りつけた。この時永福寺の本尊薬師如来を移奉し、伊賀町に長光寺を創建して安置し、永福寺の僧・能賢を初代住職に迎えた。このようにして元貞は伊賀忍者の永住の計を講じたのである。以上が彦根伊賀町の由来である。元貞は元和四年七十余歳で没し（墓はいま滋賀県坂田郡米原町梅ヶ原の竜臥山霊水寺にある）その子孫は、代々家老格として彦根藩の要職についたが、いま後孫は伊賀町に居住している。さて肝心の伊賀衆は彦根の城下に住みついて、いかように活動し、どのように生活したかの歴史についていては、杳《よう》としてわからない。ただ彦根城構築に特異な犬走り（内堀の濠と石垣との間にある芝生）がある。犬の走路になぞらえた名称だが、実は濠を渡って石垣をよじ登ろうとする曲者を写し出すところのバック・スクリーンである。これは江戸城内堀だけにしかない―全国の城廓の中で二つの特例といわれているが、江戸城の犬走りが甲賀忍法を採用したとの推定から考えると、彦根は恐らく伊賀忍法によるところの防御装置であろうとの推断をくだす素材を提供しているに過ぎない。

巷間三浦家の家伝薬五香は伊賀の忍薬と伝えられたが、同家の記録では二代三浦元清が大坂の陣で豊臣方の雄将山田又之丞を組みして打ち取ったとき、又之丞の冑の中に五香の能書が入れあって、自分を打ち取ったものに秘伝を譲ると記されてあった。三浦家ではその志を継いで家伝薬とした。あわれゆかしい戦陣美談である。

第二章　忍者の実戦記録

徳川家康が甲賀忍者に贈った感謝状

忍者が戦国乱離の時代に各国の城主たちの招請に応じて、作戦を練り智略を傾けて、みずから戦陣に立って偉功をあらわした史例は枚挙にいとまがない。まことに忍法は時代の寵児の観があった。その中で甲賀忍者にあてた徳川家康の感謝状の一つをとりあげて、その歴史的な背景と行動の一端をうかがいたいと思う。

徳川家康は桶狭間の戦で、今川義元が一敗地にまみれてから、織田信長と盟約を結んで、今川方の鵜殿長持が西郡上郷の城に立て籠るのを討ち滅ぼそうとして進撃したのであるが、腹臣の松井左近忠次を攻め手の大将に任じた。この時左近は家来の三原三左衛門から、要害堅固なこの城を力攻めにしたならば、いたずらに兵を損するばかりであるという進言をとりいれて、かねがね甲賀武士とじっこんであった戸田氏鋏《かね》(後の大垣城主)の子三郎四郎と牧野伝蔵の両名を甲賀につかわして助力を求めたのである。

これに応じてたったのが、甲賀の名族伴与七郎と鵜飼孫六であって、伴勢は八十名鵜飼勢は二百名の忍者隊を引きつれて三河へ馳せ参じた。時に永禄三年二月二十六日のことであったが、孫六は先発として物見(偵察)を行い、一番乗りとして入りこみ、伴勢と共同して夜討ちをかけ、鵜殿の城内の櫓という櫓《やぐら》に火を放って、寄せ手はわざとトキの声をあげず、黙々として乗り入って、しかも敵の身なりをして切り廻った。城中では突然のことで、何が何やらわからず返り忠(裏切り)の反乱であると思いこんで、大混乱に陥り、算を乱して敗走した。そこで忍者隊は逃げまどう敵兵の後方を太刀・槍あわせをしないで攪乱し、暗号あいことばを巧みに聞きとって、とうとう首将長持が城の北方護摩堂に落ちのびるところを伴与七郎資定《すけさだ》が追跡して突き伏せて首をとったのである（註・こういう戦術を忍学術では『月水の術』といっている）。また長持の子藤太郎長照兄弟も、この時生け捕りにされたのであるが、この夜討火攻めにあって鵜殿の家臣二百余名が戦焼死するという奇勝を博したのである。家康はこの大勝を喜んで、伴与七郎資定に次のような感謝状を贈って厚く報いた。

今般鵜殿藤太郎其元被レ討候　近頃高名無二比類一候　我等別シテ而彼ノ者年来無沙汰候処弥□□祝着申
候　委細左近雅楽可二申上一候　恐々謹言

二月六日　元康（花押）

伴与七郎殿

参

この大意は、

このたび鵜殿藤太郎長照をそのもとが討たれたが、近頃その高名は比類のないものであります。その後、あれやこれやとりまぎれ、年来ご無沙汰していますが、ご健勝で（?）何よりのこととお祝い申します。家臣の松井左近忠次と酒井雅楽頭正親の両人を差しむけました委細のことをお聞き下さい。

二月六日　元康（書き判）

伴与七郎殿へまいる

というのである。この感謝状は甲賀の名門である岩根家（甲賀郡西町岩根）に伝わる古文書であるが、差出人は元康とあって、日附は二月六日である。徳川元康は永禄四年までは松平元康と称して、同五年八月からは改めて家康と署名しているし、年来無沙汰とあるから、その書状は永禄五（一五六二）年だと推定される。この感謝状を添えて、家康は重臣である松井（その功により後に松平と名のる）、酒井の両名を遣わした理由については、本文書が意味する以外全く不明であるが、いかに家康が伴与七郎の功労を多とし感謝したかをうかがい知るのであって、国史学の上からは『徳川実紀』の欠を補うとともに、史料に恵まれない忍史学にとっては、ことに貴重な金玉の文字である。

本文書の所蔵者である岩根家は、その祖先である長門守が長享の乱（一四八七年）に戦功があって甲賀五十三家に列し、代々栄えたが、後に甚左衛門・三五郎・左太夫・勘兵衛・久太夫の五家に分れた。その中で勘兵衛は寛永十五（一六三八）年の島原の乱に征討総大将の老中松平伊豆守信綱幕下の甲賀十忍士の一人に抜かれて、長期包囲作戦に偵察斥候隊として偉功をたてたことは、次の島原の大乱と甲賀忍者団に譲りたい。

島原の乱と甲賀忍者団

【一】甲賀忍者の徴用

世に島原の乱というのは、徳川三百年の太平の夢を破った大乱であって、一面においては農民一揆であり、また他面においてはキリシタン反乱の宗教戦争であった。籠城の士農男四万、十ヶ月に及ぶ攻防戦であって、幕府の連合軍は十三万の多数にのぼり、損害また甚大であって、諸大名のうち板倉重昌が奮死し、士卒の死傷は数しれない。島原半島の南端にある原の古城に立てこもった籠城軍は戦死八千、落城の後打ち取られた首は男女一万六千に達する同胞相打つ惨事であった。その間、幕府は長崎のオランダ商館長ニコラス・クーバッケルに武装商船の救援を求める醜態を演じたほどであるが、三代将軍徳川家光は事態を憂慮して、老中松平伊豆守信綱を総大将とし九州諸大名連合軍の総司令として急派した。この時である。松平信綱は江州水口駅を通過するとき、従軍を申し出た百名の甲賀古士のうち、十名の忍者を選んで幕僚所属として現地に乗りこんだ。家光一代の行実をしるした「大猷院殿実紀」には、寛永十四（一六三七）年正月三日の条に、

江州水口駅より甲賀忍び者召し具すべき旨命ぜらる

と記している。

名にしおう九州諸大名の連合軍がいかにキリシタンの殉教精神によって統率された士農が死守した原城とはいえ、籠城九ヶ月になんなんとして糧食の欠乏になやむ反乱軍に対して、何が故に重なる敗北を喫したかというと、外でもない、武勇を競う手柄主義の一番乗りを争う戦線の不統一からであった。例えば総指揮者として老中信綱来援の急報に接した先発の板倉重昌（三河の額田の城主）は、これを武門一世の恥辱として、他の諸大名と連絡協調することもなく、一挙に攻略せんものとあせって、時もあろうに一月一日猛進猪突して自らは戦死し、幕府から特派された目付石谷十蔵貞清・松平甚三郎行隆《ゆきたか》らも重傷を負うヘマを演じたのである。島原の乱は、実際はもはや近代戦のいわゆる要塞戦の様相を呈していた。幕府ではこの戦争の性格を知って綜合作戦の必要を痛感して、老中の指揮下において命令系統の一本化をはかったのである。無謀な板倉作戦に参画した目付石谷十蔵は、乱後七月十九日職務違反のかどによって、評定所の査問に附せられたほどであった。

松平信綱は副大将戸田氏銕《かね》と士卒千三百人、与力同心二百余それに甲賀忍者十名を引き具して翌寛永十五年正月四日島原陣に到着したのであるが、原城正面の東口に細川・立花・松倉・有馬・鍋島・小笠原・寺沢ら諸大名のベースキャンプをおき、北浜に島津、西の浜手に黒田、その控えとして水野の各大名を配置して包囲陣形をととのえ、作戦本部を東口の立花・板倉両陣の後部においた。各ベースキャンプには竹束を構築して防弾網とし、またジグザクの仕寄(防壕)を掘って備え、本部には井楼(展望台)を築いて全軍を指揮し、持久態制を形づくった。甲賀忍者団は中房美濃守のキャンプを詰所とし、包囲陣の諸大名の基地を自由に通行する許可証が交付されたのである。

甲賀忍者の偵察団としての任務は、火器の防御網である竹束と、展望台である井楼の見張りと、毎夜の敵情偵察であって、毎朝作戦本部に出頭して、直接松平信綱に軍状報告をすることであった。

【二】 忍者団の組織

老中松平信綱に抜擢され、特別任用された十名のいわゆる「甲賀忍び者」は、次のような顔ぶれであった。

① 望月兵太夫 (六三歳)
② 望月与右衛門 (三三歳)
③ 芥川清右衛門 (六〇歳)
④ 芥川七郎兵衛 (二五歳)
⑤ 山中十太夫 (二四歳)
⑥ 伴五兵衛 (五三歳)

⑦　夏見角介　（四一歳）
⑧　鵜飼勘右衛門　（五四歳）
⑨　岩根勘兵衛　（四五歳）
⑩　岩根甚左衛門　（五六歳）

この十名は、名高い甲賀五十三家に列する名門であった。

右のうち⑤の山中氏⑥の伴氏は美濃部氏とともに柏木三家といって、⑧の鵜飼氏は三雲（又は服部）氏・内貴氏を荘内三家といっており、実のところ以上十忍者の名も、鵜飼氏の後孫勝山の手記（甲賀古士由緒書）から写しとったのである。また①②の望月氏と③④芥川氏は、黒川氏・頓宮氏・大野氏・大河原氏・岩室氏・佐治氏・神保氏・隠岐氏（一説には黒川・岩室・大野を除いて大久保・土山・望月を加える）を北山九家といって五十三家中の二十一家として家格を別にしていた。

寛永十一（一六三四）年に三代将軍家光が明正天皇に拝謁のために上洛した時の行列は三十万五千の多数にのぼり空前の盛儀であったが、家光は同年の六月二十日に江戸を出発して、七月十八日に参内し、八月十五日に帰城した。この上洛の時、同年七月八日甲賀古士約二百名は、江州野洲駅まで出迎え、老中松平伊豆守信綱を通じてご機嫌を伺い、鶫《つぐみ》五竿を献上した。家光は翌九日は矢走《やばせ》から琵琶湖を渡って大津の膳所《ぜぜ》城に入ったが、特に甲賀古士の名門十名を召し出して、松平信綱・酒井忠勝・堀田正勝の重臣から関ヶ原の軍功について委細を聞きとった。帰路家光は、八月五日二条城を出発して、翌六日江州水口駅についたが、同様に甲賀古士団は勢ぞろいして出迎えた。家光はその労を賞して、黐《とりもち》二十桶を授与したが、なお神保三郎兵衛長之を遣わして、家康創業時代特に永禄年間の甲賀武士の勲功をたずね、また同古士の訴えを聞きとるとともに、その生活状態を記録せしめたのである。
こんなわけで、甲賀古士と家光との関係は、格別なものがあり、その橋渡しをした松平信綱と甲賀古士とは、ゆかりも深く結ばれていたので、信綱は天草攻略の作戦に甲賀古士の徴用を企図していたのである。前頁の十忍の中で、望月兵太夫と芥川清右衛門の両名は、慶長五（一六〇〇）年七月に石田三成の先制攻撃に火攻めの災にあった伏見籠城の勇士であり、夏見角介と岩根勘兵衛・同甚左衛門の三名は、前に述べた寛永十一年（実は島原の乱の四年前）の家光の上洛の際に送迎の列に加わるの光栄に浴していたのである。

【三】忍者団の活躍

甲賀忍者団の活動の状況を、従軍した鵜飼勘右衛門の子孫である勝山（文書）から抜き出してみよう。

（寛永十五年）
一月六日
原城構築の基本偵察を命ぜられて、有馬陣の防濠から二の丸までの距離、堀の深さ、道路の状況、城壁の高さ、矢挾間《やざま》（銃眼・箭眼）の形状を測定した。
この結果は、詳細な実測図面となって使番（特使）兼松正直によって、江戸に送られ一月十九日将軍家光の上覧に供した。
同月二十一日
原城攻撃はいわゆる兵糧攻めである。総大将松平信綱の命によって、西の浜手の黒田陣から侵人して命の綱と頼む敵の兵糧十三俵を捕獲して作戦に協力した。この夜また敵城に潜入して秘密用語（唱言）を盗聴した。

同月二十七日

原城内の決死偵察を敢行した。すなわち東口の細川陣から深夜侵入して、強行偵察を行い敵の旗を分捕ったが、反抗ものすごく芥川七郎兵衛と望月与右衛門の両名は、四十日の重傷を負った。

二月二十日

敵が企図した最後の逆襲が頑強にくり返されたが、この時に侵攻して敵の軍糧を見れば海草に芝ばかりという。

同月二十七日

いよいよ総攻撃が開始されて、甲賀忍者団は松平信綱に直属して、二の丸三の丸を占領し、その後は落城まで忍者の詰所の主人中房美濃守と幕府から特派された小十人組の鈴木三九郎重成両名の指揮に従って各大名の戦線の連絡係として活躍した。

【四】忍者の決死行

寛永十五年一月二十日のことであった。松平伊豆守信綱は城内の敵状が一切不明であったので、忍者団の決死偵察を強行した。すなわち、

方便をもって忍び入り様子を見つめ、十人のうち二、三人となっても生還を期して見立てられたい

との命令をくだした。

そこでその夜、望月与右衛門・芥川七郎兵衛・夏見角介・山中十太夫・伴五兵衛の五名が先発として行動し、忍学の秘法に基づいて、東口に陣した細川越中守のキャンプから鉄砲組に依頼して、上空に向けて一斉射撃を行って（忍学では百雷銃《づつ》という）敵陣を驚かしたのである。敵将天草四郎時貞は「スワ敵襲」と覚って猿火（上下する照明灯）を城内から下げ、松明《たいまつ》を投げて蟻一匹もよせつけない防備を固めた。そこで五名の忍者は小柴の中にかくれて（『木遁の術』）待機していたが、夜更けになって、敵の警備がゆるんで静かになったのを見とどけて、忍び道具（縄ハシゴ）をかけて城壁を乗りこえ、まず芥川七郎兵衛と望月与右衛門が忍び入ったところ、不覚にも落し穴に落ちこんだ。

物音を聞きつけた敵は、「忍びだ！」「夜討ちだ！」と騒ぎだしたので、与右衛門は七郎兵衛を引き上げたところ、敵大勢が襲撃してきた。何しろ六日の月は落ちて鼻をつままれてもわからぬ真の闇であったから、忍法によって敵と同じような服装をまとった両人は敵兵に紛れ込んで（『人遁の術』）走り廻っていたので、敵は「ワァーワァー」と叫ぶだけであった。ところが敵は間もなく用意の松明を四方から照らしはじめたので、両人は「これはいかん！」と合点して敵中を駆け抜け、力を合わせて、城内各所にひるがえる十字架の旗一本をたわめ取って城壁を乗りこえようとしたとき、雨霰の石つぶてを受け、半死半生の重傷を受けて倒れた。

その様子を見ていた請手《うけて》（ひかえ）の夏見角介・山中十太夫・伴五兵衛の三名は、「ソレッ！」とばかりに突進して、鮮血にまみれた両人を助け起し、肩にひっかけ、辛うじて出発点である細川越中守の陣地に引き返したのである。応援の三名は、重傷二名を介抱しながら証拠の旗を持参して、本陣の総大将松平信綱に報告したので、信綱はその勇敢なる行動を激賞してやまず、「感服一段」の賞辞にあずかった。

芥川七郎兵衛・望月与左衛門両人はことの外、重傷であったので早速陣中の医師衆に預けられ、手厚い治療を施したが、両人が全治して、信綱に軍状を報告したのは、約四十日後の島原落城の二月二十八日であった。その時、決死偵察の状況報告の座に列したのは、副将の戸田氏鉄と忍者の詰所の主人中房美濃守、それに幕府から特派された納戸《なんど》頭鈴木三九郎重成（後に天草の代官）目付石谷十蔵の面々であった。

【五】原城陥落と忍者

総大将松平信綱は寛永十五（一六三八）年正月四日に島原到着以来、原城の包囲作戦の計画をたてて九州諸大名の陣形を整えるとともに、戦線の統一を行い、本部に井楼（展望台）を設けて用兵作戦の基地とした。甲賀から召し連れてきた忍者団を動かして昼夜をおかず敵情の偵察を行って、戦機の熟するのを待ったが、案の定、敵は食糧に窮して、二月二十日の忍者報告によると、

敵の食糧は海草と芝ばかり

であった。事実『天草軍記』によると、

一揆の百姓二万六百余人女童二万余人といえる籠城、年を越えて有は無となり、第一食糧には限りあり、故に籠城の最初より芦塚忠右衛門裁量して、その分数をはかり、色々に制して日食二度の内、一度は粥雑水と定むるといえども、常さえ百姓腹食いひろげて大食なり。この頃は早や段々に食いつめて、ようよう兵糧もつき、草木をとり、或は浦づたいにわかめ・ひじきの磯菜をとりたり。朝夕麦をいりて

食う。城中退屈して痛みたる体なり

とあって信綱の長期戦略すなわち兵糧攻めは見事に効を奏したのである。落城後城中に残った食糧は籠城軍四万に対して僅かに、白米十石／大豆三石／味噌十樽であった。

この窮状を見てとった総大将天草四郎は、乗るかそるかのほぞを固めて、戦局の大転換を試みたのが、翌二十一日の逆襲であった。乾坤一擲の決戦に四郎時貞は、芦塚忠右衛門・布津村代右衛門・上総村三平・千々輪五郎左衛門・天草玄札を夜討の隊長として、それぞれ千余人を与え、折からのおぼろ月夜を利して攻め入った。この時の包囲陣形を見ると、東口の細川陣は防備固く、有馬・立花の西陣は本陣の前面にあって地形攻撃困難であり、東南の鍋島・寺沢と西の浜手の黒田の両陣が最も都合よしとして夜襲をかけた。黒田の家老監物は遠見を出して予察していたので、弓鉄砲を放ってよく防いだ。第二襲までは撃退したが、執拗な第三襲にあってとうとう敵弾にあたって討死した。その子佐々右衛門は大いに怒って五、六千の兵を率いて反撃したが、これも討死した。寺沢の陣営でも三宅藤右衛門は長刀を揮って敵三人を討ちとったが、傷を負って退いた。鍋島の陣においても、父子よく戦って敵兵二百五十八を討ちとり、各陣営ともに損害少なしとしなかったが、大逆襲を食いとめた。このようにして、天草四郎時貞が描いた戦勢転換も、しらぬ火の夢と消えたのである。

翌二十二日には、幕府から急派された軍師・水野勝成（備後国福山の城主）が到着した。二十四、五、六と豪雨が降りつづいたが、この雨の休戦の期間に軍議が練られて、総攻撃の準備が整った。二十七日夜総攻撃の命が降り、二の丸三の丸を占領し、翌朝未明には本丸を乗っ取って、敵将天草四郎の首級をあげたのである。この際に甲賀忍者たちは総大将・松平信綱の幕僚として二、三の丸の攻路に従軍し、落城まで連合軍各大名陣地への通信連絡のため飛鳥のように走り廻って、戦線の統一をはかり、勝利を一挙にあげた影武者として偉功をたてたのである。

このようにして天下の耳目を聳動《しょうどう》した十ヶ月の大乱は終った。三月一日松平信綱は原城に火を放ち、天に冲する火焔は、西海の波を焦がした。古代ローマの雄将スキピオは炎々と燃えさかるカルタゴ城滅亡の火を眺めて歌った。

アッシリヤすでに亡び、ペルシャ・マケドニヤもまた滅びぬ。しかしてカルタゴ今火中にあり。次に来らんものは、それローマか。

勝ち誇った松平信綱の心境も、英雄また英雄の心を知る。徳川家の運命を何と観じたであろうか。同月九日天草を出発した信綱一行は、五月十二日江戸に凱旋した。翌十三日将軍家光に謁して、夜に入って二の丸に召され、つぶさに軍状を報告したのである。空前の戦果をあげた信綱は凱旋の途中、四月三日豊前小倉において、論功行賞を行ったが、甲賀忍者に対しては、どうであったろうか。十忍の一人である岩根勘兵衛の家に伝わる望月兵太夫・芥川清左衛門らに宛てた神保三郎兵衛の書状(岩根家文書)は、いったい何を物語るであろうか。

一筆啓上候　各々先年九州へ御越しの儀御前へ伊豆守殿御披露なされ候由之□□その後重ねて言上なされ候儀も火急にはまかりならず候間まず御上り候うえとの儀に候　何れも島原において御情に入られ残所もこれなき御働らきの段、八幡大菩薩伊豆守殿拙者へ御申しなされ候　はたまた当分伊豆守へ御はかり候て御入りありたき旨家老小沢仁右衛門相談いたし候えば少々合力にては各進退なされまじく候間

如何かと申すべく候　拙者さように存じ候間まず御上り候て時節まで御待ちなさるべく候

恐々謹言

霜月二十七日

神保三郎兵衛長利（花押）

望月兵太夫殿

芥川清左衛門殿

大意は、

手紙をもって申しあげます。先年九州天草の乱にご出征のことについては、老中松平伊豆守信綱殿から ご前（将軍家光）へ詳細に報告されたのであります。その後恩賞登用（?）の方法についても、言上されたのでありますが、至急にはとりはからいかねますので、まず江戸にお上りなさる方がよかろうとのことです。従軍された何れもが、島原において命を受けて申分ないお働らきは神仏の照覧せらるるところであると、松平伊豆守殿は私に申しておられます。ここ当分は伊豆守殿におはかりしてご面会がかなうよう家老の小沢仁右衛門と相談しておりますが、あまり無理をしては、かえって事をあやまる恐れもありますから如何であろうと存じます。何はさておき、江戸に上られて時節を待たるるがよい算段と存じます。

右の書状の差出人である神保三郎兵衛長利は甲賀二十一家のうち北山九家に列する名族であって、幕府の家人に登用され小十人組頭となり特別俸（加恩）五百石を与えられた。（寛永十一（一六三四）年）七月に将軍家光が明正天皇に拝謁のため上洛した際に随行し、甲賀古士団が送迎した時に、その主役として取りもち役をつとめた人物である。従って島原の乱後に起った十忍者の処遇問題についても、松平伊豆守と甲賀側の中に立って斡旋これつとめたのであって、この書状はその間の微妙ないきさつを伝えたものである。日附は霜月（十一月）二十七日とあるが、文面に「先年九州へ御越しなされ云々」とあることから推察すれば、恐らく島原の乱後数年を出でない寛永十六、七年頃のものと思われる。

松平信綱は武蔵国忍《おし》の城主であって、智恵伊豆の名をほしいままにした彼が一世一代の武功は何といっても、島原の大戦乱における殊勲である。近代的作戦を練るに当って、甲賀忍者を任用して見事な戦果をあげたことを思うとき、忍の城主と忍の者、なんと面白い組合わせではなかろうか。宿世の因縁と感ぜざるをえない。

以上は、今まで広く知られなかった忍学史料に基づいて叙述したものであって、国史学研究に一瓦を献ずる役目を果たしたものと自ら慰めているが、この物語りを通じて恵まれない忍史料探訪のいとぐちともなれば、望外の幸いである。

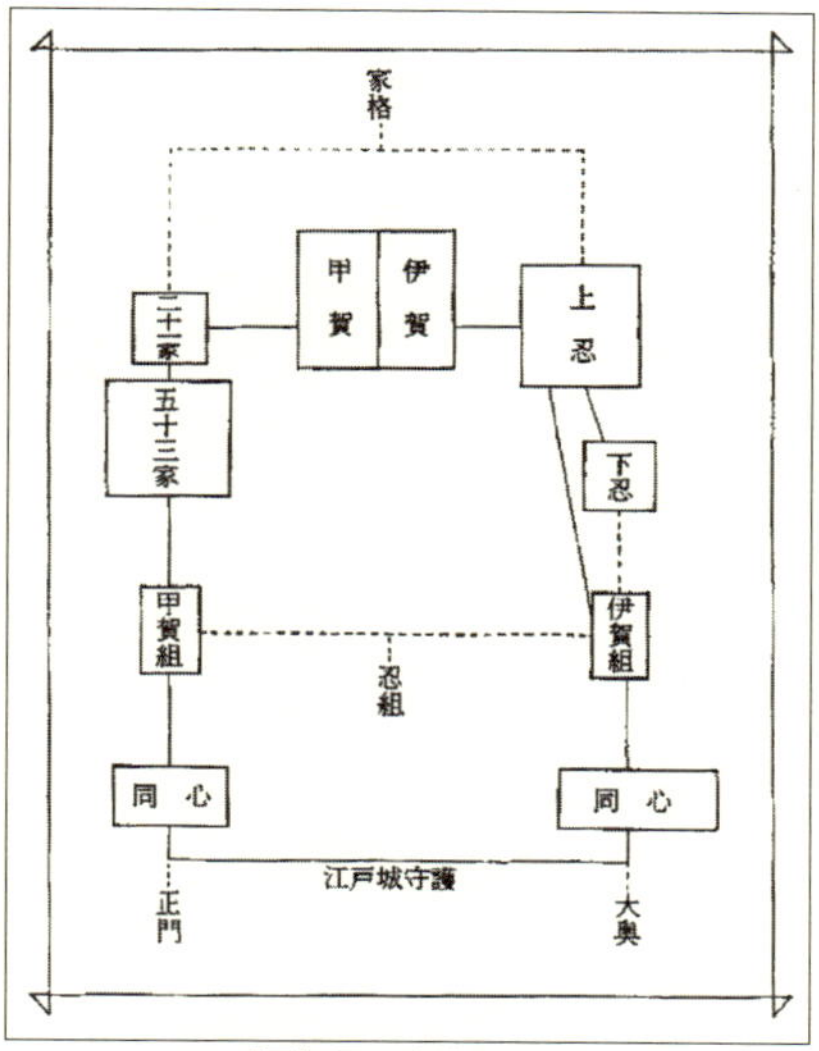

【図】忍の家格と相関

第二編　忍術の盛衰

忍術とスッパ

忍術の起源

すなおに、そして筋を通していえば、忍術の起源は、忍者がもったいぶるほどそんなに古いものではない。まず「しのび」の語源を探ろう。古記録で「しのび」の秘密行動が書かれているのは、五百年前の応仁の乱以後である。西源院本「太平記」によると、本間三郎の暗殺は「しのび」が寝所で闇打ちをくらわしたといって、その光景をあらわし、

先ず本間三郎が寝所を見るに血流れたり。これはいかにと憤って、細人（しのび）ありて、三郎殿を害したりと呼ばわりければ、云々

と述べている。すなわち、本間三郎の寝室を見ると血が流れている。これはたいへんとビックリして「しのび」が侵入して三郎殿を殺害したのだと連呼したという意味である。これは忍びの行動記録として、最も古いといわれている。

もっとも、これは忍びの個人的な行動を記したものであるが、集団行動としては『太平記』（元和本）に備前国三宅三郎高徳が新田佐衛門佐義《すけ》治を大将とし、丹波国の萩野彦六朝忠と謀って、将軍を除こうとして

兵を挙げた。ところがその計略が漏れて、山名伊豆守時氏が三千余騎をひきいて丹波に攻めこみ、兵糧攻めにして朝忠を降参せしめた。また児島にいた高徳に対しては、備前・備中・備後三国の守護が五千余騎をもって攻めたてたので、高徳は敵しかねて、大将義治に従って瀬戸内海を渡って上京した。すぐさま諸国に廻文して応援を求めたので、各地の兵が続々と京都をさして上った。しかしながら大軍を催すことは発覚のおそれがあるので、坂本・宇治・醍醐などの要地に分散配置して戦機をうかがった。ところが不覚にも京都所司代都築入道に探知され、入道は挙兵前日の未明に不意をついて二百騎を引っさげ、あらかじめ高徳が配置していた忍びの集団がかくれている四条壬生《みぶ》の宿舎を攻めたてたのである。この忍びグループは生死知らずのあばれ者で、スワッとばかり屋根に登って矢種のあらん限り討ちつくし、そのまま腹かき切って死んだのである。このようにして高徳の陰謀は挫折した。

これが、そのあら筋である。『太平記』はいうまでもなく吉野時代の戦記物語であって、古くから国民の上下に親しまれた軍記物であり、史実としての価値も定評がある。忍びの術がこの時代から個人技能として、また作戦上の伏兵グループとして利用されたのである。少し時代は下るけれども、『小田原軍記』などには、かまり伏兵と記録されている。かまりはかがまるという意味である。

以上が「忍び」の行動記録を歴史的に探求した事例である。

それでは忍術といわれるものは、どこでいかようにして発達したのであろうか。いまでいう近畿・東海の両地方にまたがる伊賀・甲賀の両地域は、応仁の乱から戦国にかけて、十五世紀のなかばから凡そ百年間いわゆる闕所《けっしょ》であった。いいかえると、どの大名の支配も受けない別天地であって、治外法権的な政治空白地帯であった。戦国争乱の渦中にあって一種のエア・ポケットになっていた。さらに言葉をかえると、戦国台風の眼であった。

【表6】甲賀地方城趾表（甲賀郡志による）

設立者	年代	所在地
大野大蔵太夫	不詳	水口町大野今郷
頓宮治三郎	不詳	土山町頓宮池ノ岡
土山鹿之助	文明年間	同町北土山新池
頓宮弥九郎	建武年間	同町鮎河
黒川玄蕃佐	永禄年間	同町黒川
山中俊直	建久年間	同町山内
篠山景春	四世紀前	甲賀町鳥居野
滝川一益	天正年間	同町五反田
高嶺蔵人	天正年間の頃衰亡	同町油日権六山
馬杉丹後守	元亀年間の頃衰亡	甲南町上馬杉
望月重元	文明十二年	同町大平
望月為三郎重武	不詳	同町青木
嵯峨五郎知秀	天正年間の頃衰亡	水口町嶬峨
佐治業国	康平五年	甲賀町小佐治
隠岐兵庫頭清三	元弘年間	同町隠岐
岩室大学家教	正応年間	同町岩室
内貴伊賀守孝則	天正年間の頃衰亡	水口町貴生川内貴
高山源太左左門	不詳	同町北杣高山
長野元信	天文年間	信楽町長野
鶴見伊豫守	正安年間	同町小原和田
鶴見俊純	暦応年間	同町朝宮芝

それでは、のどかな安全地帯として胡蝶舞いまう太平天国であったかというと、そうではない。それぞれの村落には、リーダー（郷士）があって厳然とかまえ、堀を廻らし、兵備を蓄わえ、不相応な城を構え、軍勢をもよおし、互いに攻防の秘術をつくしていた。狭域の小戦国時代が、この両地域だけに行われていたのである。いま甲賀郡（滋賀県）内に残っている各あざあざの小城趾（【表6】）は、以上の歴史事実を物語る零細な小名《しょうみょう》たちの夢のあとである。

このようにして、戦国乱離の惨禍から免れていた伊・甲両賀の地帯も、小雄割拠して攻防の血の雨を降らし、いわばコップの中の嵐を演じていたのである。鈴鹿山系の両翼にまたがる伊・甲両域に発達した独特の奇襲戦法――山岳ゲリラ戦術、これが忍術の起源である。

『武家名目抄』には、伊・甲両賀の地方には地侍が多くて、応仁以後にそれぞれ党を立て日夜 戦争をこととしたのでいきおいゲリラ的な無法戦術が発達したといっている。しかし、その叙述の中で、歴史認識の不足なために誤解も含まれているが、一応忍術の起源と発達について、素朴な姿で解明しているのは傾聴すべきである。

忍術という語義にとらわれ、尚古的な迷想を呼びおこして、日中両国の古典にさかのぼり、日本書紀から万引したり、孫呉の兵法を盗用する論者の愚を学びたくない。

スッパ考

わが国が戦争に明け、また戦争にくれたいわゆる戦国の世に、スッパとよばれるフシギな人間が戦陣に姿をあらわした。関東ではラッパとよんで、関西ではスッパ（またはセッパ）といった。正体は山賊・野盗の類で、素性はあまりよくない。美濃・近江（愛知・滋賀）両国だけでも、二千名もいたというからものすごい。大名たちは、たがいに争って召し抱え非常にそなえた。だいたいスッパには、二種類があった。第一は抱えスッパで、これは一定の食禄を支給された常勤者であって、第二は渡りスッパで特技を買われた臨時雇いである。抱えの中でも人物と能力によって待遇がちがう。豊臣秀吉が抱えた近江醒《さめ》ヶ井の章駄天《いだてん》は、その名のとおり早駈けの名人で五人分の食禄をもらったといわれる。渡りスッパでは、手裏《しゅり》剣打ちの名人で、信州生れの僧くずれであった次郎坊が名高い。

さてスッパとはどんな仕事をしたであろうか。戦況によっては、千態万様の働きをしたが、大別すると次の二つに別れる。
一　諜報活動
二　奇襲作戦
第一はいうまでもなく、敵国の動静をさぐる諜報活動である。これにはもっぱら抱えスッパが用いられたが、大名たちは裏切りを恐れて原則として妻子を人質にとった。このスッパは当時隠密とも呼ばれたらしい。この用語例は、文亀二年（一五〇二年）十月十五日付、近江の六角高頼が朽木弥五郎に送った書簡に見えている。

【図】武田軍伝達系統

信玄←騎馬隊
- 甘利備前――村上方――一〇名（スッパ）
- 飯富兵部――頼茂方――一〇名（〃）
- 板垣信形――小笠原方――一〇名（〃）

武田信玄は越後の上杉謙信の動静を探知するため、抱えスッパ七十名のうちから三十名を選抜して諜報班を組織した。すなわち信玄は三人の侍大将（指揮官）甘利備前・飯富兵部・板垣信形にそれぞれスッパ十名ずつの妻子を人質としてあずからせ、村上・頼茂・小笠原の三人の部将に配属したのである。以上三十名のスッパ班は、三部将の指揮に従って信濃の国に潜入した。一方侍大将三人はそれぞれ二、三名の騎馬武者をひきいて、スッパから入手した情報を、甲府の総指揮官である信玄へ早馬で急報する仕組であった。

以上が、武田流の軍法に用いられたスッパの謀略戦隊であった。第二はスッパの特技を利用した奇襲戦術である。どんな方法でスッパが戦線に活動したかの戦史例と、北条氏に仕えて忠勤を励んだ家臣三浦茂正あらわすところの『北条五代記』から抜粋してみよう。

時は天正九（一五八一）年の秋、関八州に威を振った北条氏直は、武田勝頼と一戦を交えようとして八州の軍兵を催おして、勝頼の率いる信濃・甲斐・駿河三国の軍勢と、伊豆の黄瀬川を挟んで対陣した折のことである。氏直はスッパ二百名を養っていたが、これを四手に別けて毎夜毎夜の夜戦をかけ（原文は雨の降る夜も降らぬ夜も、風の吹く夜も吹かぬ夜も、とある）風雨をものともせず、勝頼のキャンプに切り込み、あるいは生け捕り、つないだ馬の手綱を切って分捕り、ここかしこに火をかけたり、敵方の身なりをして紛れこんでは不意にトキの声をあげて突入し、ムチャクチャに切りまくったのである。夜毎につづいた混戦乱闘の朝は、どうであったろうか。家来が主人を討ちとっていたり、子が親の首を取ったりの乱戦で、あまりの面目なさに髻を切って高野山入りをするものもあったという。こんなこともあった。

敗残の十名が元結を切ってザンバラ髪になって、かくれていたが、生きていても生きがいもないし、みな腹を切って死のうと申し合わせた。ところがそのうち一人がやおら進み出て、

このまま死んでは犬死だ。スッパの頭目風魔を見つけ出し、ムズと組んでさしちがえ、亡君亡親のたむけとしよう

と申し出た。それはよかろうと、十人が草むらにかくれて機をねらった。ある明け方のこと、風魔が手下を引き連れて、夜討の帰りでもあろうか、ふらふらになって引きあげてきた。一同は人知れず、その中に紛れこんだのである。夜討ちのスッパ隊は、それぞれの部署から続々と引きあげて、約二百名が集合した。すると総勢は松明をともして、合言葉をとなえ（これを「立ちすぐり居すぐり」という）て、未明の山野にこだました。この集合点呼を知らなかった十名は、スッパ儀法をわきまえぬうさんな奴としてからめ捕われ、皆殺しの憂き目にあったのである。

この風魔は、前述の章駄天とともに一世に鳴り響いた名スッパであって、その外に変化の六平、竜馬の小八も名だたる渡りスッパであった。

このように戦陣に活躍して大名たちの争奪の的となったスッパも天正十八（一五九〇）年に小田原城が陥落して豊臣秀吉の時代となると次第に影をひそめて、次は忍者活動の場に移るのである。

以上のようにスッパは戦国の乱世に出没した野盗、山賊の類であって、大名や部将の要請にこたえて傭兵ともなり便衣隊ともなって相手国の情報を集めて諜報活動の尖兵となり、またあるいは戦線を駈けめぐって夜討ち奇襲をかけてゲリラ戦の効果をあげたのである。このことは戦国の軍記におもしろく語り伝えられ、戦記文学を飾っている。たとえば『北条五代記』『見聞雑録』『関八州録』『松尾軍記』などがそれである。

また後になると、スッパはその本来の姿である泥棒にたち返って、狂言にあらわれ演劇文学に登場した。すなわち、狂言六地蔵の主人公は京都在住のおおスッパ（大盗賊）である。布頭巾に半袴腰帯の衣裳をつけた見るからにいかめしい大男が舞台にあらわれて、やおら名のりをあげる口上は、「まかり出でたるは、都にすまいする大すっぱでござる」である。この筋書きは、いなか者二人が近所の申しあわせで村はずれに堂を建てて六地蔵をまつることになったので、使者として都に出て地蔵をきざむ仏師を探がしまわった。ちょうどそこにあらわれたのが大スッパである。彼はうまいことをいって二人をだまし、世にも名高い仏師になりすまして、一夜のうちに地蔵六体の製作を引き受けた。代価は一万匹である。とはいうものの困りはてた大スッパは、三人の仲間に相談して地蔵に扮装させ人間地蔵三体をそろえてゴマ化したが、あとの三体の地蔵を出せとせがまれて、とうとう偽物であるのがバレるという狂言である。

『女山賊《おんなやまだち》』では、一人の山賊があらわれて、その口上は、「このあたり隠れもないせっぱでござる」であるが、（〝せっぱ〟はスッパに同じ）筋書きは、六地蔵にあらわれた大スッパと同じような服装をした一人の山賊が、この頃はどうも獲物が少なくて商売にならぬ、今日はひとつなんでも取れるものからとって、運だめしをやろうという。そこへ山の向うに住む、親の見舞にみやげの包みをもった一人の女がやって来た。しめたとばかりその女を呼びとめて、「持ち物よこせ」と押し問答がはじまった。渡せ渡さぬで小ぜりあいとなって揉み合ううちに、どうしたはずみか山賊は女なぎなたに長刀を奪われて逆に女から威脅され、太刀も上衣もはぎ取られて女は女山賊に早変りという狂言である。

このほか狂言『いくい』も、「都にかくれもないスッパじゃ」という口上からはじまる。

このようにスッパはたびたび狂言に登場して、わが演劇史を賑わしている「あいきょう者」である。

またスッパは俳人の目にも映じた。服部嵐雪の句に、

素波に出でて朝帰る月　（誰家集）

というのがある。

素波はスッパであって、夜の仕事を業とするスッパが、早朝に帰る習性を俳材として使った。俳眼に写し出された雅趣豊かなスッパ像である。

長浜市附近の土語に「ド・スッパ」という言葉がある。これは相手を見下げた場合の侮言であるが、ドはいうまでもなく軽侮の意味をこめた冠語（ド（ン）百姓の類）であって、ド・スッパはこの「スッパ野郎」とでも言ったらよかろうか。ともかく戦記に名高い近江スッパが、今も滋賀県湖北の言語生活に生き残っているのは愉快である。因みに秘密をもらすことを「スッパ抜く」という日用語の語源がスッパから出ており、進退窮して抜き差しならぬ状態を「セッパつまる」というのも、セッパ（スッパの転訛音）から出た言葉であるのは説明するまでもあるまい。

無足人と忍町

徳川時代のはじめに諸大名の中には国内警備の補強策として、無足人《むそくにん》の制を設けた者がいた。ことに伊賀の国にあっては、藩主藤堂高虎によって整備され、その人員は百二十四人と定められ、伊賀・甲賀の士族の出を主力として他国から帰属したものも編入した。これは無給の士で、毎月六回の調練を行って武芸を励み、一事あるときには、扶持米（特別手当）が支給されて、軍役に従事する武士の予備隊であった。次の五班に編成されていた。

一　組外の衆
二　母衣組衆
三　鉄砲組衆
四　留守居衆
五　忍びの衆

主として職能によって、右の五グループに分れていたが、第五の「忍びの衆」が、いわゆる忍者団であった。いま伊賀上野市の忍町は、その住宅街のあとと伝えられている。寛永十三（一六三六）年十二月附の「伊賀付差出帳」（沖森氏蔵）は、無足人五班の名簿である。いま阿山郡春日村に現存する沢村家は、藤堂藩以来の忍び組衆の子孫であって「のろし役」をつとめた家柄で、忍家としての遺構を残している。

その一世紀前（安政年間）の著書と伝えられている『伊乱記』には、無足人の実権を士分以上に評価して、士は緑を食（は）んで武を磨き、無足人は祿なくして兵を練る。権力の上よりは、士分・郷士の上にあり、実力よりすれば士分・郷士を凌ぐなり（『伊乱記』下付録）

と説いている。

このように伊賀忍者は藩政の組織の中にあって、特別の保護を受け、伊賀忍の名声を高めていたのである。無足人は元来無報酬の士待遇者であるが、忍者が無足人制の一団に加えられているのは、その行動の変幻自在をあらわす「足無き人」とも連想されておもしろい。

これに反して甲賀地方では無足人の制は、あまり発達しなかったらしい。一部の辺境（柑子袋）に配置した記録が伝えられているが、伊賀のような組織はもっていなかった。何しろ甲賀武士五十三家の伝統を誇る古士が勢力を張って、高潔な風格を堅持して忍法を守っていたので、むしろ政治勢力の圏外に定住していた感が深いのである。

〔追記〕

江戸の伊賀組が、徳川家康の勇士として鬼半蔵と呼ばれた服部半蔵（三千石）に率いられた二百名の忍び組であったことは史上に著明であるが、これは江戸城の親衛隊であって、大奥の警備に当った。大手三門を守った甲賀組百名と裏表に位置して、甲・伊両陽の忍び組が江戸城を固めていたのである。ところが寛永十二（一六三五）年に江戸城二の丸の拡張工事が着手され、それぞれ諸大名が分担して工を起したが、その時伊賀の藤堂高次が差出した人員は総計五千人の多数にのぼっている。その名簿を『御普請出人』というが、同年六月一日付の名簿に、忍びの者五百人頭というのがある。伊賀組は定員二百名であるから、この時の総員は、特別工事のために本国から徴用された伊賀忍者であろうが、これは前記の無足人中の忍びの衆から抜かれたはずである。この意味からすれば、無足は江戸伊賀組の予備要員の養成制度を兼ねていたと解せられぬでもない。

忍術の没落

忍術の黄金時代は、なんといっても戦国から織田・豊臣の時代である。江戸時代に入って、世界一の平和を謳歌するようになると、忍術もだんだん衰退の色を見せるのであるが、忍者の集団行動の最後の花は島原の乱に活躍した甲賀十忍の面影であろう。これは別に「島原の乱と甲賀忍者団」で詳述した通りであって、十四万の九州諸大名の連合軍をアッとうならせた痛快事であった。

そんなわけで、江戸時代も末期に近づくとその精彩を失ない、忍者の姿は遠い昔の影法師となって、僅かに士民がその残映を追うに過ぎなかったのである。

九州平戸の大名であった松浦清が驚くほどの博覧強記を筆にまかせて文政四（一八二一）年十一月の甲子の夜から書き綴った大著『甲子夜話』にその片鱗を伝えているが、すなわち、忍者というフシギな人間は、闇夜でも目が見える。その修練は「夜目をさらす」ことであるとして次のようにいっている。

先年聞く、忍の術をなすものは、まず闇夜にあって四方を見るに、初めのうちは何のあやめも知れざるが、後にはやや見えわきて、遂に四方のものもわかるとなり。

そして飛び行く鳥を見事にキャッチする鷹使い（鷹匠）も、このような訓練をするらしいと述べている。

しかしながら、この頃でもやはり忍術者がいたらしい。

同書には忍技公演のようすを、

> 夜会の席などにて、忍の術者あり、慰めに一事を請わんといえば、両手を伸ばし、壁に身をつくれば、忽ち失って見えず。座客相ともに、その人をさぐれば、「そりゃ」というて側より鼻をつまむ。顧みれば、その人あり。かかる体にて人皆詭性を知りけり。早わざを望めば、一間ばかの戸板をたてて跳びこえ、長押《なげし》にかけ上り、横ざまに走る。これ尋常の人の所為に非ず。何かにても習うところあらん。

と述べているが、いいかえると、この時にも、寄席芸人というか、奇術師のような忍者がいて、宴席などで招きに応じ忍術ショーを演じたものらしい。そして得意とする『隠形《おんぎょう》の術（姿をかくす術）』や独特の体術を公演したのであるが、さすがに筆者である平戸藩主みずからは見なかったようで、右の記述も「予曾って聞きしは」という条件を付した風聞記である。

また自分の藩士の中に、伊賀の出身で柘植《つげ》姓の者がいて、祖先は忍術をもって召しつかえたが、最早その術も廃絶して、当人は全く知らないと、白状しているのだからまちがいあるまい。

さて、忍術の本場である甲賀地方はどうであったろうかというと、寛政の頃、すなわち江戸の中期になると、枝を鳴らさぬ太平の世に押されて衰退の兆を現わしている。当時の甲賀流二十一家（寛政元年の名簿）も、ＡＢＣの三群に分かれておって、Ａ級が十家、Ｂ級が八家で、その他のＣ級は没落してその名を留めないのである（29頁「甲賀忍者の名簿」参照）。また一方では、幕府に対する甲賀流復興に関する陳情も、この時期には最高潮に達しており、忍学の正冊である『万川集海』（二十二巻）が献上の手続きをとられたのもこの頃であった。しかしながら幕府要路者の忍術復興に対する保護政策は殆んど反応がなく、大変なまぬるい態度であって、逃げ口上に終始した観があり、いくばくの白銀を賞として与え、一時を糊塗《こと》したにすぎなかった。

これ以後の甲賀流は落潮に流される捨小舟のように、あわれ滅亡の一途をたどった。そしてもう一世紀前にはほとんど忘却の彼方へ葬り去られたのである。安政二（一八五五）年甲賀郷民の間に海防の急務が力説されて蹶起《けっき》した十六名の血盟連判状にも、甲賀流の特技は家々によってまちまちであり、遂に誇るべき伝統を失って、全体としては、最早ものの用に立つ技能ではないことを告白しているのである。

このようにして、名にしおう甲賀流忍術も時代の推移に抗するよしもなく、鉄砲伝来後の弓矢のようにその威力を失って、次第に呪術的な形相をおびると同時に、下賤の間にその末技が流行して一種の奇術か妖術の類に堕落して興味本位の座敷芸、または寄席芸になり果てて、古来の真面目から脱落したのも、いたしかたない運命であった。

とはいうものの、甲賀流を伝えた古士たちは、ゆかしい伝統の家門を尊ばれて、甲賀二十一家または五十三の家格を重んぜられて、その子孫は地侍、すなわち郷士の待遇を受けて、非公式には苗字・帯刀を許された。取扱いとしては、あくまで百姓であったが、士の風儀を維持して、役職は庄屋に補せられ、陰然重きにあり、家格として名主の名称を与えられて、地域社会の指導者として畏敬せられたのである。

こんな事情で、甲賀流の忍術は、たとい時代の進展とともに衰滅に瀕したとはいっても、その子孫は由緒ある古格（甲賀古士）を身につけて、社会的地位を保持したのである。

甲賀流の末裔

売薬の甲賀町（滋賀県）の町はずれ田堵野に大原氏の居宅があって、ゆかしい武家造りの門に、近頃甲賀流の表札が掲げられた。祖先は篠山監物であって、同家の系図によると甲賀流忍術の祖となっている。その弟に理兵衛がいて、同町鳥居野にある小城祉はその居城と伝えられ「殿藪」とか「篠山屋敷」の名が残っている。

理兵衛は徳川家康に仕えて代官となったが、たまたま慶長五（一六〇〇）年の夏、家康は上杉景勝の叛乱を討とうとして、急ぎ伏見城を発して会津征討の道すがら石部に到着したとき、水口の城主であって、豊臣家の重臣の長束《なづか》正家が陰謀を企てた。すなわち水口の景勝地である牛ヶ淵に宴を設けて家康を暗殺しようとはかった。

この計画を耳にした理兵衛は、「スワ一大事」と家康に注進したので、家康は夜陰に乗じ女乗物を借りて理兵衛に案内され、水口を素通りして土山に脱出することができた。時に同年六月下旬の頃であったが、家康はその恩義に報いるため、理兵衛以下の十士とその他の百名の甲賀人に食禄を給して優遇した。甲賀古士日記には、十士に米百人扶持、百人に三百人扶持を支給したとある。伏見城の留守役であった鳥居彦右衛門元忠は、家康の遺命によって甲賀十士百人組を召集して、伏見城を死守したのである。案の定、同年七月二十日から宇喜多秀家・長束正家らが東の上杉と相呼応して伏見城を急襲したが、籠城軍もまた力戦奮闘よく防いだけれども衆寡敵せず、しかも味方に返り忠（裏切り）の者も現われて城に火を放ち、とうとう落城の憂き目をみたのである。応募した十士のうち篠山理兵衛・彦十郎父子に高嶺新右衛門・梅田勝右衛門・竹林左衛門九郎ら五名が、百人組では七十名近くが討死したのである。この外に甲賀南係の武士で戦死したものの中には、梅田治俊・山岡景光などもあった。なんといっても篠山一家の働きは群を抜いていて、前記の理兵衛父子の従臣左記十名が華々しい討死をした。

松井隆太郎政輔
永野宇右門忠孝
勝矢幸蔵英敦
和田忠五郎定治
岩田勝蔵英政
斎藤北郎芳昌
阿早田甚之丞安仁
阿部九郎左衛門直敏
小林三治郎政久
渡辺伝兵衛守信

時に慶長五年陰八月一日のことで、右の篠山一家主従の墓は現に甲賀町鳥居野の多聞寺にあって、今も後孫大原家では、この日を命日として追善の法要を営んでいるのである。

この伏見城の攻防戦は関ヶ原の前略戦として、まことに重大な戦争であって石田三成を旗頭とする西軍の術策であった。実は上杉景勝に叛乱の擬態を見せて、徳川家康を牽制し関東におびきよせて、その虚をついた戦術であった。これには家康もホトホト困惑して去就に迷ったのである。しかしながら、戦局の大勢からいたし方なく、後髪を引かれる思いで留守の鳥居元忠に後事を託して東征の途についたのである。敗れたりとはいうものの、西軍を釘づけにした籠城ぶりは天晴れの武者振りであり、次に来る関ヶ原戦を有利に導いた役目は尊い。家康はこの一戦を徳川開運の転機として感謝するとともに、その戦死者と遺族をことの外いたわった。

すなわち従軍した十士のうち生存者と戦死の子孫は与力として、それぞれ知行二百石、百人に対しては各自二十石を同心として支給され、これは甲賀百人組の首領である山岡道阿弥の知行九千石の中から四千石を差し引いて分給されたのである。

十士（与力）	二百石宛	二千石	四千石
百人（同心）	二十石宛	二千石	

それだけでなく、これら百十名は甲賀在住を許され無役として三十三年間寛永十年まで、恩給（加恩）の特典を与えられたのである。といっても、いつまでも甲賀組に対して在郷無役のまま扶持を支給するという恩典は、諸般の事情から困難となったので、第二代秀忠・第三代家光は京都入り（上洛）の途次、たびたび水口駅または膳所城（大津）で代表者を接見し歓待して、江戸移住と仕官を勧めてやまなかった。一同はそのつど会議を開いて評議したが、数代の郷土を離れることに難色を示すものがいて、一挙に集団移住する運びには至らなかった。この情勢にあって、篠山一家は、徳川将軍の恩顧にこたえて、伏見城で戦死した彦十郎景尚の子景末は率先して召に応じ、江戸青山に居宅を構え、知行二百石を授けられて、弥次兵衛と名乗ったのである。その後断続的に移住するものが出て、青山に居住地をつくったが、これが世にいうところの青山甲賀町の起源である。

後になって幕府によって鉄砲百人組が一番組から四番組まで組織されると、その一番を受けもったのが、実は甲賀百人組であって、この組頭は直参《じきさん》として知行三千石を支給され、殿中においては菊の間（原則として三万石級の譜代大名の控間）の次席（敷居外）に詰める定めであった。

一番	甲賀組	与力二〇	同心一〇〇
二番	根来《ねごろ》組	〃	〃
三番	伊賀組	〃	〃
四番	二十五騎組	与力二五	ナシ

このようにして篠山家は、伏見籠城以来甲賀百人組のリーダーとして家運を賭して徳川氏に忠勤をはげんで、甲賀組の江戸移駐にあたっては、いち早く入府して青山甲賀町の草分けとなったのである。

その後、在郷の篠山氏（笹山ともいう）は大原の古姓を名乗った。その中興の祖と仰がれたのは数馬である。彼は寛政年間前後に名をあらわし、初名を景直といって照映と号し医業を営んだ。当時の甲賀古士はうち続く太平に殆んどが農耕に帰し、祖先が錬磨した独特の武術――山岳法から発達した攻城野戦の高級戦術の忍術も衰亡に頻してしまった。そこで彼は夢再びというわけで、甲賀流の再興をはかろうと考えて、同志上野八左衛門・隠岐守一郎らと協議して、忍術の復興策を講じたのである。また一方窮乏にあえぐ、甲賀古士子孫の生活保護も願い出た。こんなしだいで、彼らは当時伝来していた忍学関係書は甲賀流・伊賀、流を問わず、手あたり次第に蒐集し、たとい断簡・零墨であっても探索してぼう大な忍史学資料を集成して、保存につとめたのである。

寛政元（一七八九）年二月、右の三人は請願書をたずさえて江戸に出府し、寺社奉行・松平右京亮輝和に会見し、委曲陳情に及んだのである。この時の将軍家への献上品は、左の三件であった。

一　御　盃　　　　箱入
一　忍術書『万川集海』十冊
一　軍要秘記　　　一冊

これはいま皇居大手門内の内閣文庫に秘蔵する『万川集海』十冊・『軍要秘記』一冊のいわれ――史的解明に役立つ献上品であって、同文庫本が原本であれ転写本であれ、その来歴を物語る唯一の手がかりである。そしていま大原家に『万川集海』十冊の稿本（?）と『軍要秘記』一巻（巻首を失っている）が、所蔵されているゆえんもまたおのずから理解できるばかりでなく、甲陽軍鑑的流をはじめ多数の忍学史料や忍具（忍び船）などが伝来しているわけも判明するのである。

さて、数馬らの甲賀流復興と生活保護に関する陳情の結果は、あまり芳んばしくなかったようで、松平右京亮の返書には、「願の趣きは暫らく待たれたい」との逃げ口上であったが、ご苦労として発起人三名に銀五枚、その他の者に二枚、また一枚の一時金が授与された記録が残っている。（伊勢神宮文庫蔵の山中文書・大原家系図）思うに当時の幕府には、甲賀流に対してもはや関心も熱意もなかったと推察するのはヒガ目か？と、そう信じないわけにはいかない。

以上が甲賀流復活に対する最後の努力であったが、時運利あらずして、戦国から徳川初期にかけて、一世紀にわたって風靡した日本特有の忍術も、遂に没落の一路をたどる外なかったのである。いま大原家に残る忍術資料と古文献は、甲賀町の古文化財として保存の方法が論ぜられ、公費で書庫を設けて管理されているのは喜ばしい。

根来組

甲賀組・伊賀組の外に根来《ねごろ》組というのがあった。これは甲伊両組の特別任用とは少しちがった理由に基づくようである。いわば一種の治安維持の国策によったのである。すなわち天正十三（一五八五）年三月、豊臣秀吉は当時堂坊二千七百を連ねて隆盛を誇り、僧兵の勢威は比叡山を凌いで第一といわれた紀州の根来寺を焼き打ちにして、一山灰燼と化した。その後学僧たちは京都・長谷等に法灯を継いだが、敗残の僧兵は諸国を流浪していた。その頃浜松城にいた徳川家康に召し出され、その年は十六人、翌天正十四年には二十五人というふうに逐次任用されて、成瀬正成（後の尾張犬山城主）に預けられた。それが機縁となって、家康が関ヶ原・大坂陣に出動したときも随行し、伏見城松丸の警備に当った。ついで寛永三（一六二六）年に百人組となって江戸詰を命ぜられた。もっとも僧形ではいかがかというので皆総髪となったが、氏名は法号を用いて僧俗兼用であったのである。給分は時によって厚薄もあったが、定給としては三十俵二人扶持であり、非常勤として神事の際は、神輿に供奉したようである。これが根来組の起源であるが、後に鉄砲百人組の第二部隊に所属して甲賀、伊賀両組とともに幕府の機械化儀礼隊に参加したことは、前項の甲賀流の末裔でふれたので再説をさけたい。

第三編　忍術と科学

科学の応用

祝言の明け夜

忍術学習の重要な教科として精神分析学がある。ことに人間生活の心理研究は、驚くほど精細であった。人間が個人として、あるいは集団として生活する時の、心理的な緊張と弛緩を巧みに捕えたのである。

そこで、ここに述べるのは、必ず忍び入ることのできる八ヶ条の教えの中の、「祝言の明け夜のこと」についてである。人間一生のうちで、盛儀の花は婚礼である。新郎新婦に仲人それに親族一門、友人知友が相つどうて、国々ところどころによって形式に多少の相違はあっても、古今東西、酒が入るのに変りあるまい。とくに昔は終夜高唱乱舞して、新夫婦の前途を祝福したのである。その夜明けを想像されたい、盃盤狼籍足の踏みこむところなく、酔いつぶれ、あるいは疲れはてて、前後不覚の高いびき、まさに酔体乱状であろう。

忍者にとっては、あつらえ向きのおどり場であり、無政府・無警察の天佑であり、無門関である。社会生活心理の洞察に、驚嘆せざるをえないゆえんである。八ヶ条の教えには、この祝言の夜明けのほかに、病後の夜、遊興の夜、普請《ふしん》労役の夜、悲嘆後の二三日の夜、隣家に変事があった翌夜などをあげているが、まことに人情の機微にふれて興趣深いものがある。主人が重態でやれ医者よ薬よと徹宵看病して、家族たちが綿のように疲れてようやく回復の目途がついて、病人も家族も愁眉を開いて、ぐっすり寝こんだときとか、めでためでたで長夜の宴のはてた夜半といい絶好の忍びの門であろう。この遊興の夜には、但し書きがあって、新茶の頃は見合わすべしとある。五、六月の候は新茶の出盛りで、思わず飲み過ぎて寝つかれぬことは、われわれの日常いやというほど経験するところで、痛みいるくらい用心深いのである。一家に不幸があって、一門一統悲嘆にかきくれ、野辺の送りで通夜その他で心身はうつろのように疲れきって、ホッと一息ついた「悲嘆の後の二三日」をねらうとは、ちと、なさけない。いわんや、昼間の普請や力仕事のために身体の疲労した夜とか、近所に火事や喧嘩その他の変事があってゴタゴタした睡眠不足の翌夜をねらうなど、まことに恐れいるしだいといわざるをえないのである。

猫の眼時計

一人前の忍者となるには、それはそれはきびしい体術の鍛錬と学習とが必修で、なみたいていではなかった。古典の書籍を読破して学徳を積むほかに、科学知識の習得が大切であった。ことに天文・気象の学はもとより、海流・潮汐に至るまで精密な観察を学習会得したのである。

忍びの術の基本行動は夜である。方角を知るための星座や星の光度の研究は、微に入り細をうがった。また星の光りと雲のたたずまい、月や太陽の暈《かさ》の形、日ノ出日没の雲の色、風の方向などによって、晴曇風雨の気象を予測したのである。このような戦陣気象学の学習の便をはかるために、忍者社会には潮の満ち干きに関して、次のような忍び歌が口から耳へと語り伝えられた。

（一）　大潮は十四日より十八よ、二十九よりも三日までなり

（二）　中潮は四日よりして八日まで、二十五よりも二十八日

（三）　小潮は九日よりして十三日、十九日より二十四日ぞ

闇夜が忍者の天地であり、世界であり、舞台であったのはいうまでもないが、ことさらに風雨の夜を選んだ。寸尺も弁じない、鼻をつままれても判らないしかも雨風のたける時が、忍者の天国であった。星一つ見えぬ荒天の深夜に、かれらはどうしても方角と時刻を知らねばならなかった。北斗星はいまいずこ。そこで、かれらは耆著《きしゃく》とよぶ秘密用具をもって方角を計った。鉄の魚ともいうべきものであって、縦二寸巾五分くらいの鉄の薄板を舟形に切りとり、火熱して、急に水で冷却したものである。かれらが、腰にしている忍び袋にいれておくのである。これを水上におくと、正しく南北を指す。携帯用簡易羅針盤である。さて時刻はどうして知るか。かれらは たいてい砂時計を懐中して用意おさおさ怠りなかったのである。

　さて、驚くべきことは、猫の眼玉で時を計る方法を発見していた。誰でも気づくように猫の眼は特殊な光覚をもった網膜をそなえて

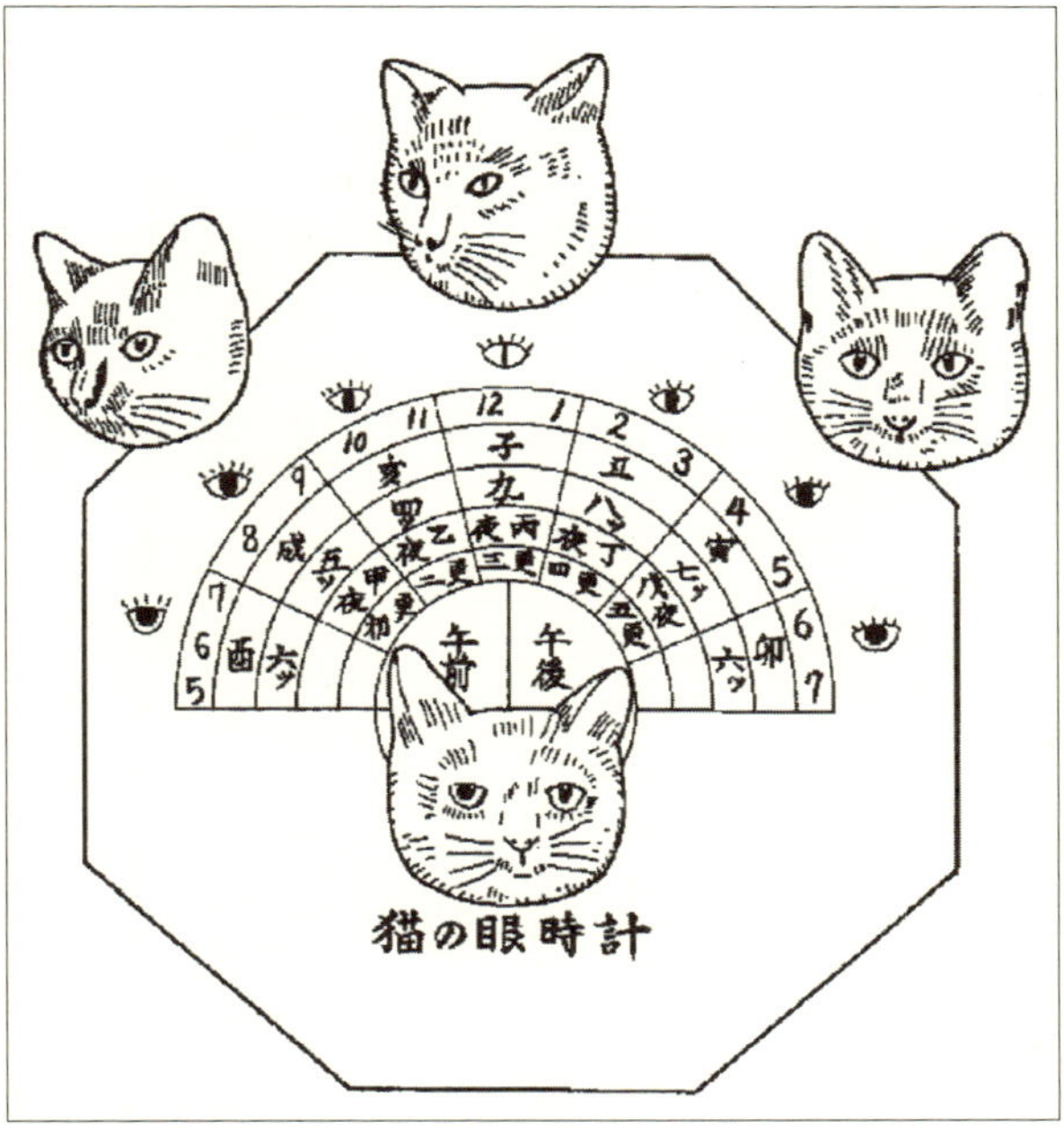

【図】猫目時計に見る時刻

いる。天井裏の真の闇で、みごとに鼠を捕える魔術師である。この眼力のふしぎな作用と原理に着目したのが、忍者たちであった。瞳孔の開閉の形で時刻を計った。すなわち眼の瞳が一の字に見えるとき、楕円形（卵形又は柿のたね形）に見えるとき、まん丸に見えるとき、などに分類して、次のような忍歌を愛唱したのである。

六ツ丸く　五七は卵　四ツ八ツ柿の実にて　九ツは針

いいなおすと、六ツどき――明け六ツ暮れ六ツどれも午前六時頃と午後六時頃であって三重・滋賀の両県はだいたい薄明の光線で、まばゆくなくなる頃で眼の瞳孔が開いて丸く見え、五、七すなわち五ツ七ツは午前八時頃と午後四時頃で、瞳孔が卵形に見えてくるし、四ツと八ツは午前十時頃と午後二時頃で卵形がやや細長くなって柿の種の形となり、九ツ正午（この場合夜半の十二時は省く）には光線が最も強くて瞳孔は殆んど閉じて針の形となるというのである。

猫の瞳孔が縦に開閉するのはよく注意すればわかることであるが、太陽の光線と瞳孔収縮の作用を、静かに観察した忍者の炯眼《けいがん》には驚嘆せざるをえない。

もちろんその日の晴曇風雨によって現象的な差異は免れえないとしても、猫の眼と時刻との間に定まった不変現象を捕えたのは、東西古今、忍者をもって開祖といえないだろうか。（前頁【図】）

猫ばけ騒動という魔性もって音に高い猫族も、忍者という科学者にとつては、ついに一個の忍び時計に過ぎなかったのである。

忍び船

むかしから、内陸交通の動脈は河川である。特に攻守の戦術研究にあっては、河川対策が作戦計画の根幹となるのは、東西戦史の物語るところである。

徳川幕府が国内治安政策として、特定の河川の橋梁を架けさせなかったのは、このためである。三百年の太平を謳歌したのも、実は河川対策の妙を得たからともいえる。

この交通障害は、

箱根八里は馬でも越すが
越すに越されぬ大井川

と歌われて「川止め」はいろんな悲劇を生んで江戸文学の題材となって民衆の涙をしぼった。

近代戦においても、渡河戦術がいかに重要な作戦にとりあげられていたかは、説くまでもあるまい。防御にあたっても橋梁爆破は緒戦の第一頁を飾り、また攻撃では架橋作業があらゆる戦闘に先がけて敢行され、その工作には最も苦心が払われて、いろいろの技術と工具機械が発明された。戦車が水陸両用に発達しているのも、その証拠であろう。

こういうわけで、陽忍（兵学）において、渡河法術が基本教程の一つにしくまれて尊重されたのもうなずける。すぐれた忍者はさまざまな工夫をこらして渡渉に用いる道具を考案したが、これを忍学では水器といっている。『万川集海』の忍器篇にあげた水器には、だいたい七種の類型がある。（【表7】）

【表7】渡渉橋、忍び船の種類

浮橋	I型	野戦の際に川辺の蒲を束ねて丸太で連結したもので、投げこみ用の橋。
	II型	両端にカギをつけた縄橋で、一人が泳いで向う岸にカギを突き差して渡るしかけで、偵察用（物見）の軽便橋梁ともいうべきもの。
筏形	カメ筏	ありあわせのヤリ・ホコなどを組み合せて浮袋の代りにカメ（釜・桶・臼などでもよい）をとりつけた即席のカメ舟。
	革ツヅラ筏	四つの皮ツヅラを蝶つがいでつないだ浮き袋で、忍者必携の用具である。
水ぐも	—	これは板を四つ組み合せた円形のボートである。一人乗りで着想としては、現在のゴムボートに類している。全部組立式で、くもが水面に浮ぶ形状からヒントを得た。人間は中央に跨って水カキ付の足駄で前進するしかけである。
忍び船※	箱形	これは分解して箱におさめるもので、一人で運搬できる。いま大原家（滋賀県甲賀郡甲賀町田堵野）に所蔵する忍び船は、その模型であって、横一四センチ縦二一センチ高さ一二センチの箱に収められていて、十二個の部品から成りたっている。箱書きには「忍船一艘　笹山氏」とある。寛政の頃（一八世紀末）に甲賀忍術界の権門として名声高かった大原数馬（号照映）が、考案したものと伝えられている。忍び船については、いま大原家に楠木流火術（慶応二年）と題する火術に関する写本が残っていて、この末尾に「忍び船」の図がある。これはその実形と用途の図解とも考えられるが、二人の忍者が乗っていて、舷側の左右に大砲を構えて渡河している図面である。この模型を五・六倍に拡大すれば、この用途に役立つように思われる。
	鋏箱形	これは分解すると、大名道具の鋏箱に収められる携帯用舟艇である。実に巧妙な設計であって、カツギ棒が櫓となるシカケである。

※一種の組立式偵察用舟艇で、分解すれば箱におさめることができる。

いびき

忍学には「いびき」の研究がある。いびきは人間が呼吸する大切な生理現象であって、誰でも知っているように高低強弱は人によって、また性別老少によってもまちまちである。いちがいにいえないかもしれないが、壮年の男子が活溌のようで疲れたとき、ことに酒気を帯びたときに、ものすごい人もある。なにしろ睡眠中の出来ごとであり、当人は意識しないのだから始末が悪い。家庭を問わず、われわれの社会生活に、悲喜こもごもの波紋を描くところの神のいたずらである。

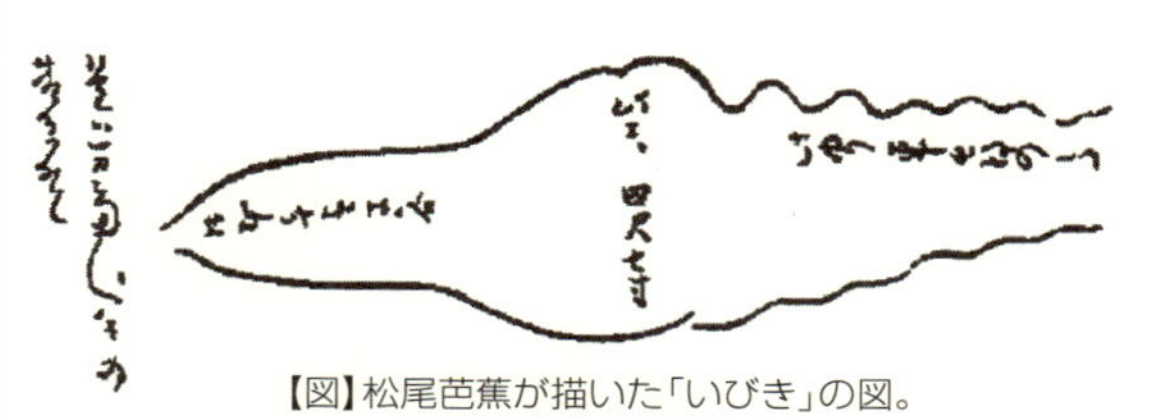
【図】松尾芭蕉が描いた「いびき」の図。
（上野市芭蕉翁顕彰会蔵）

さて、「いびき」にいろいろあるといっても、つまるところ人間が睡眠しているという何よりの証拠である。忍術の世界は原則として人の寝静まった深夜である。そういうわけで、眠っているかどうかを探知するのが忍学（家忍）の第一要件である。「いびき」の種類は次のようである。

①熟睡のいびき

音響の高低大小に関係なく、安定感があって一種のハーモニーをもっている。精神労働者（安楽なる人という）が、この類型に属する。この例として松尾芭蕉が描いたいびきの図を紹介しよう。（上【図】）

元禄元（一六八八）年芭蕉が四十四才のとき、江戸から帰る旅中から惣七に宛てて出した手紙の半面に書いた「いびき」の図である。最大音の巾は四尺七寸とある。そうとうないびきであるが、この形伏から察すると安定感がある。忍学でいう「安楽がた」の類型に属するようで、いかにも俳人らしい。芭蕉も伊賀上野出身である。伊賀流忍術と関連づけるとおもしろい。芭蕉にはいびきの句もある。

床に来ていびきに入るやきりぎりす

これに反して、筋肉労働者（辛苦する人という）は強大でしかもシドロに行きづまるジャズ型であるから、同じ熟睡であっても、よくこの二種類を聞きわけよといっている。喘息持ちや梅毒で鼻がかけた人（鼻くさり）は、整調音でないから注意を要するという。

②たぬき寝いり

たぬき寝いりの「いびき」は、つまり寝たふりをして発する擬音であるから、静かに心を落ちつけて聞いているとわかる。高低と強弱をつける。すなわち不自然なアクセントがある。よく観察すると「いびき」の中で、別に息をしたり、唾を飲みこんだり、時おり溜息などが混入する。また人をはばかって音がせぬように寝返りなどやるから、からだの関節がフチフチと鳴ることもあると述べている。

③いびきと季節

夏は蚊のブンブン、蚊帳のすれる音などで、「いびき」が聞きとれぬことがある。冬は襖の開閉の音、寝具などの関係からいろいろの雑音があって状況が変るので、注意せねばならぬといっている。

④「いびき」の聴音器

「いびき」を聞くための道具として、聞筒《ききづつ》を用いた。竹又は紙で作ったパイプの聴音器である。これは目ざす家の壁ぎわまたは寝所の次の部屋まで忍び入って用いるが、風夜の夜などは、窓から差しこんで聴きとるという。これは非常に熟練を必要とするのは、いうまでもあるまい。

以上のように、さまざまな方法によって、眠っているか、眠っていないのかを察知するのであるが、どうしても探知できない時の最後の手段としては、灰その他の特殊な粉末を吹き筒をそっと伸ばして、顔面めがけて散布するというのであるが、これはひどい。忍歌には、次のようにある。

忍びには時を知るこそ大事なれ敵のつかれと油断するとき

忍薬

忍者といっても、別に雲や霞を食べて生きているのではない。行動が敏捷で千変万化、数日数夜の活動に対処していろいろな生活設計が工夫されねばならなかった。ことにからだの衛生については細心の注意を怠らなかった。いつでも鼻紙袋を懐中して、万妙薬を入れていた。(そのほか遠眼鏡と身分証明書も入れた)また身軽な出で立ちでなければならぬ関係から、携帯口糧も研究されて、いわば忍術兵糧丸とでもいうべきものが考案された。特に「飲」と「食」については、次の二種が古来有名であった。

▽水渇丸

梅干の肉　一両(四匁)

氷砂糖　二匁

麦門冬(麦角)　一匁

右の三味を細粉末にして丸める。「用水に渇したる時の妙方なり」といっている。

▽飢渇丸

人蔘　十両

蕎麦粉　二十両

小麦粉　同

山芋同耳草（はこべ類）　一両

ヨクイ仁（はとむぎ）　十両

もち米　二十両

以上を粉末にして、三年酒三升につけ、酒が全部乾いたとき、桃の実ほどに丸める。一日に三粒服用するが、効能については「三粒服すれば心力労することなし」といっている。（『万川集海・軍要秘記』による）

この製作にあたった中西義孝氏の実験例では成功しなかったという。そのほか寒中に凍傷を防ぐ薬としては、樒《しきみ》の油をとって総身・手足に塗っておく。また全身に酒を塗っておくのも、効果があるという。また山野を旅行中に鍋を所持しないで飯をたく方法として、次のような簡便なやり方を教えている。すなわち、米をコモかワラヅトに包んで水にひたし、土を掘って埋め、その上から火を焚くとご飯になるというのである。それから浜辺を旅行中に潮水で飯をたく方法としては、鍋の底に土器でも伏せてその上に米をおいてたくと、塩気はなくなって、その器の下に塩寄せされているという。舟の中で水が欠乏したときには、舟の底に赤土をよく練って塗りつけ潮水を汲み入れておくと、塩分はみんな赤土に吸いとられるというのである。そのほかにいろいろなその場その場に適応した救急薬などの製法が発明されていたのであるが、これが今日の甲賀売薬の起源と結びつきがあるのではなかろうか。

忍術屋敷

甲南町(滋賀県甲賀郡)の竜法師に通称「忍術屋敷」と呼ばれている忍者の家がある。これはもと望月本実の居宅であって、今は『甲賀流忍者屋敷』として資料館として公開されている。

望月といえば、伊甲両賀に知られた名族であって『甲賀望月　伊賀服部』の古伝がある。

いうまでもなく望月は甲賀の名族で、服部は徳川家康旗下の三勇士服部半蔵によって代表される一家を指している。この望月家は、島原の乱(一六三七〜三八年)に出陣偉功をたてた甲賀十忍の一人である望月兵太夫が、その遠祖に当って、日本忍史にかくれもない名忍の子孫である。外見は別にこれといって特徴のない平家造りで、見た目には通り一遍の麦わら葺家であって、近年郷土史家の中西義孝氏が目にとめるまで、世人の注意をひかなかった郷士らしい構えである。

ところが内部に入るとどうであろう。階下・階上の三層にわたって、アイ路があり秘密室があり、それがさまざまに交錯して、さながらバクダッドの迷宮に入った観がある。

ある日、この家の主人に招かれて行くと、門まで迎えた主人はことさらに玄関から入るのを避けて、「サアーこちらへ」といって右手の小窓の下に立った。格子に金網を張った窓であるが、不思議に思っていると、快から一枚の名刺を取り出して窓枠と柱の間にさしこんで、上にあげると、小窓はサッと開いた。主人は心得たりといわんばかりにするすると中にはいり、呆気にとられている私の手をとって招き入れた。この「しかけ」は、内から外へ出るときも同様の方法で、紙一枚で開閉自由だそうである。これは非常脱出用の秘密室であった。忍学に『無門の一関』という秘伝があるが、まさにその具体化であろう。

それから座敷へ通されて一服していると、現在板の間になっている場所の一隅に外から絶対にわからぬ「押し入れ」があって、取りはずしできる梯子がある。これは登ると上から引きあげるしかけになっている忍び梯子であるが、ここでふとわが国学の父本居宣長の居宅である伊勢松坂の「鈴のや」が、二階の書斎にあがる梯子段にこれと同じ構造を使っているのを思い出した。宣長も伊賀忍学からヒントをえたかもしれないと断ずるのは早計であろうか。

それを登ると、二階で三畳・四畳半・板の間の三室があって、刀かけもあれば警報（合図）用の鳴子もそなえてある。そこから進むと三階である。相当に広い板敷で、ここには中庭まで通ずる大窓があったり、二重張りになったところもあって、それぞれ応変の構えをそなえている。また別棟の土蔵の壁一面には「目つぶし」用の赤土砂がつめられている。

この建物は、前に述べたように、「甲賀望月」の大家族制による集団屋敷の一部であって、ありし日の豪勢を偲ぶに足る遺構である。要するに、このさまざまの密室・迷路は、部分的または局部的には、各地の大名屋敷・旧家、例えば京都の二条陣屋などに用いられているのは周知の通りであるが、このように組織化され系統づけられている点は、他に比類がなく、いいかえると忍学の伝統が綜合化され巧みに具象化され実用化された、まさに一個の忍術科学博物館とでもいうべきであろう。聞くところによると、この建造に際しては、わざわざ飛騨の国から工匠を招いて極秘のうちに建てられたものという。

第四編　忍術と文学

第一章　忍術文学と忍術劇

これはお家騒動ものとして、名高い『金沢実記』という江戸文学に現われてくる忍術の話である。

加賀騒動と忍術

加賀百万石のお家をひっくり返えそうとする、悪の立役者である大槻内蔵丞《くらのじょう》の家来に川村慶次郎という者がいたが、ある日内蔵丞に、「わたくしの家に伊賀の国生れで忍術の名人の深見久蔵と申す者がおります。実はわたくしの従弟でありまして、この者をお使いになるならば、大願成就まちがいなしであります」。すると内蔵丞は、「それは名案だが、わしはまだ忍術というものを知らん。いっぺん試してみたいがどうじゃ」ということになって、その深夜、内蔵丞の部屋の箪笥の中に入れてある印籠を盗みとらせることに話がきまった。

内蔵丞は宵の口から寝床にはいって身心を休め、十時頃に起きて、内外の戸締りを厳重にして、箪笥の中の印籠を点検して、その側に座をしめ灯火をかかげて、書物を開いて心気をしずめ、久蔵という忍者のおとずれを待った。十二時を過ぎ、一時をまわったが、なんの音沙汰もなく深山のような静けさである。するとどういうことか、ウトウトとしかけた。「さては術をかけたな、なんのなんの」と心を励ましていると、椽側の障子がコトと鳴った。「さてはお出でたな」と思ってわざと眠ったふりをして尻目にかけてうかがっていると、こんどは障子がゆれた。ガバと身を起して障子をサッと開くと、一匹の鼠が驚いて飛びあがり度を失って駈けめぐった。「これこそ人の目をくらます術だなと考え、足をあげてハタと蹴った。一きわ武術に秀いでた内蔵丞に足蹴にされた鼠」は、何条もってたまるべき雨戸にあたって一声あげて死んだ。その外に別に怪しいようすもなかったので、内蔵丞は、「かわいそうに、よしなき殺生をしたわい」と、つぶやいて元の座にすわろうとすると、戸外に声があって門を叩いた。川村慶次郎である。うしろにひかえた忍者久蔵はうやうやしく例の印籠をささげて、「失礼しました」といった。内蔵丞は肝《きも》をつぶして、箪笥の中をしらべて見ると印籠はどこにもなかった。

驚きいり、恐れいった内蔵丞が、「どうして盗みとったか」との問いに忍者久蔵の答えはこうである。

実は宵の口から忍び入って、すきをうかがっていましたが、あなたの一分のすきもない精神と態度に押されて、手のほどこしようもありませんでしたが、深夜になってあなたの心気が少しゆるんできたのを見とどけ、持参の鼠を放ちました。あなたが鼠に気を取られて、一騎打ちをしているすきに仕事をしたのです。すなわち、忍の秘訣は人の虚をうかがって施すのであります。

この物語は加賀百万石の第六代吉徳《よしのり》の治世を舞台とするお家騒動であって、柳沢、仙台の両騒動とともに世に三騒動といわれている。足軽出身の大槻内蔵丞というおきまりの悪臣があって、吉徳の側室であるお貞の方と通じ、お貞生むところの勢之助を当主にたてて権勢を振おうと企てた。まず手はじめに、吉徳を暗殺し、第七代の藩主となった長男宗辰《むねとき》を毒殺した。もともと吉徳には二人の側室があって、お貞のほかに、お菊の方があって、その生むところの嘉三郎が二男となり勢之助は三男であったが、お貞は内蔵丞と謀って勢之助を擁立しようとしたのである。宗辰を殺し、次に第八代の重照《しげてる》（嘉三郎）を毒害しようと密計をめぐらすときに登場したのが、伊賀忍者深見久蔵であった。「印籠とり」の秘術をテストした内蔵丞は、わが計成れりとほくそえんで、恩賞は望み次第という条件で、この忍者を一味に加えた。深夜城内に侵入しようとした忍者久蔵は、無二の忠臣納戸《なんど》役和田源左衛門に探知されて縛についた。内蔵丞は同夜久蔵を牢内で殺し、自殺をよそおって奸計の暴露を防いだが、それがつまずきの第一歩で、内蔵丞・お貞一派の悪事はとうとう露見して死罪に処せられるという勧善懲悪の大名劇である。

歌舞伎と忍術

たびたびいう通り、徳川中期以後になって忍術が呪術的な様相をおびてくると、文学作品のほかに演劇、すなわち歌舞伎にあらわれる。また一方では歌舞伎の演出法にも革命が起った。大道具（舞台装置）に、独楽《こま》の原理からいわゆる「廻り舞台」が発明されて場面の横の展開がひろがると同時に、「セリあげ」「セリさげ」が考案されて縦の展開が自由になって、シーンの立体的表現が成功すると、忍術ものが劇作家の自在な構想に乗って登場するのである。これは何も、忍術ものばかりではない。幽霊もの変化《へんげ》（妖術・幻術など）ものも、押すな押すなの盛況を見せる。すでに亡んだ忍術を民衆はいつでもどこでも、空想の世界から引きおろして、眼前に見る喜びをえたのである。『先代萩の忍術の場』の一幕を観てみよう。

児雷也《じらいや》の豪怪、白縫姫の可憐にも奇怪な物語、天竺（インド渡り）徳兵衛の放胆勇壮な活劇、さては先代萩のあわれ悲しい千松の忠死に泣いたのである。どれもこれも忍術ものとして宣伝された。天竺徳兵衛韓《いこくばなし》噺は四代目鶴屋南北の作であって、文化元（一八〇四）年七月三日初日の夏狂言で、江戸河原座で興行し、九月初旬まで続いた大当りであった。ケレン（しかけ）と怪談で人目を奪った。徳兵衛の一人三役の早替りもさることながら、屋台くずしの舞台装置でガマにばけたり、亡霊を人形で出したり、最後に座頭にたって木琴を弾き人に怪しまれると、舞台の前の水槽に飛びみ、水煙りが吹きあげて、アッと驚くまもなく花道から早替りで出る。変幻自在で、人々の度胆を抜いた。当時はあまり不思議だというので、あれは厳禁のキリシタンの魔術を使っていると噂されて、役人が取り調べに来て事実でないことがわかって、改めて興行が許可されるという騒ぎであった。

先代萩の劇的クライマックスは飯炊《ままたき》の場である。伊達家の幼君鶴千代につかえる乳母政岡が、その子千松をつれ、三人で舞台は開く。出される膳部は不安で食べさせられない。政岡が自らご飯をたく。千松が膝に手をおいて腹ペコのヤセガマン。

「さむらいの子というものは、腹がへってもひもじゅうない！」で満場の涙をしぼる。やっと鶴千代と千松が食事にありつく。若殿様の空腹は哀切の極。

そこへ足利将軍の使者と称する栄御前が、鶴千代の病気見舞として菓子箱を持ってくる。八汐が蓋を開いてすすめる。鶴千代が受け取って食べようとする。千松が走り寄って、これを奪って口に入れ、毒にあたって悶絶する。八汐が悪事露顕を恐れて、やにわに懐剣を抜いて刺し殺す。政岡は鶴千代を小脇にかかえて、涙一滴も見せない。このようすをじっと見ていた栄御前と八汐の一味は、政岡が以前から鶴千代と千松を取り替えていただろうと推察して、自分の一党に引き入れようとして連判状を渡して引きとる。残った政岡が、千松の死骸にとりすがり、身も世もあらず泣きくずれて、親子の情愛を一時に爆発させる。かげで立ち聞きした八汐が、政岡に切りかかるが、かえって政岡に刺される。

こんどは、舞台がセリあがって床下の場となるのである。栄御前の手下である忍者仁木弾正が、忍術を使って鼠にばけて、連判状の巻物を盗んで、逃げるところを荒獅子男之助がつかまえて眉間《みけん》を割る。鼠は素早く脱出して花道の切り穴（スッポン）に飛びこむと、隣りの穴から仁木弾正が、眉間に疵をつけ長上下《かみしも》姿で、印を結んで、巻物をくわえてセリあがって出る。弾正は忍術の印をほどいて、手裏剣を投げる。男之助はこれを受けとめて、「取り逃がしたか残念！」で幕。

忍者弾正の出に際して下座《げざ》（ハヤシ子部屋）から打ち出すのが、大太鼓（中ドロ）のドロンドロンである。その音響効果は、打ち方によって大ドロ・中ドロ・薄ドロの三種があって幽霊・妖怪変化の場合も同様で、すなわち超人的な人智を絶した力がはたらくのを現わしたものであって、幽霊は薄ドロである。

これが『先代萩の忍術の場』である。このような演出によって、観客はいやおうなしに、芝居忍術の場面を演劇の興奮と一緒に味わったのである。これが江戸中期以後の日本人の忍術に関する知識となり、実生活の中に吸収されて、忍術の概念を形成したのである。そしてやがて、明治・大正前後の忍術物――立川文庫を代表とする講談文学全盛の思想的素因であるのを忘れてはならない。

立川文庫と忍術

猿飛忍術が爆発的人気をあおって、読書界を風靡したのは、なんといっても、揚げ羽の蝶の金版入り立川文庫（定価二十五銭）の功績である。これは大阪の講談師玉田玉秀斎が口演した速記を、立川文明堂主人立

【表8】立川文庫に見る忍術物

猿飛小太郎	霞隠小天狗猿
猿飛小天狗	佐助誉れの忍術
真田小天狗	忍術試合
忍術大活動	忍術三勇士
忍術江戸荒し	忍術名張り源蔵
小天狗霧太郎	百々地炎陽丸
神通小太郎	忍術四天王
忍術百人斬	忍術勢揃
忍術雲隠竜太郎	忍術風間竜太郎
猿渡虎太郎	天竜神力丸
神童白蛇丸	村雲竜太郎
白竜文珠丸	竜巻雲平
魔王荒太郎	霧隠大蔵
豊公御前忍術競べ	戸沢山城守
猿飛小源吾	猿飛飛助
百々地八郎	忍術漫遊

※立川文庫の忍術もの執筆陣の一人である池田蘭子の著書「女紋」—昭和三五年・河出書房新社版による

川熊二郎が出版したもので、大あたりにあたって速記講談本のブームをつくった。明治四十四年に『一休禅師』を第一編として『水戸黄門』『岩見重太郎』『大久保彦左衛門』と次々に出していったが、だんだん種がなくなってくると困った。

もともと、玉秀斎の女房は内妻であった。というのは、玉秀斎が襲名前玉麟といったころ、落ちぶれて四国の今治市で張り扇をたたいていたとき、同地の名門である回船問屋吉田屋の家つき娘お敬は、夫と五人の子女を棄ててこの講談師と駈け落ちして、大阪の阿波座通りの裏長屋の二階におちついた。残された夫や子どもは世間から冷視され、長女寧《やす》は子どもがあるのに離縁され、吉田屋一家は没落して貧民街にくらす悲運となった。一方、大阪に逃げたお敬は、玉秀斎に対して真心の限りをつくし、その人気を高めようと心を砕いた。お敬の第一計画は、玉秀斎の口演速記本を出版することであった。お敬のめぐらした速記者抱きこみの策略（長女寧を大阪によび寄せて速記者に妻合わした）は、みごと効を奏して、玉秀斎の講談本が続々出版された。しかしそれも好事魔多しのたぐいで、速記者の離叛によって挫折した。ところが、悲境に落ちたお敬の遺児たちが、次から次へと大阪に集り、玉秀斎を中心として、その出版事業に参加した。まっさきおてつに長女寧がつれ子の蘭子と来た。長男阿鉄《おてつ》も来た。三男の顕・四男の唯夫も来た。ことに阿鉄は文筆の才があって、酔神と号して、次々に作品を発表して、お敬一家の小説創作工房を代表した。長女寧の連れ子蘭子は幼時の怪我がもとで、発育不良となり小学校にあがるまで歩けなかった。しかし母から読んでもらった少女雑誌からえた文才は驚くほどで、この少女もまたルビつけから創作グループの仲間に入って新しい小説のアイディア構成に一役を演じた。主筆酔神は新小説の題材につまった。

そこで思いついたのが「忍びの術」であった。

主役は大阪人のイメージの英雄・豊臣秀吉と不幸な秀頼。時は元和、天正。やはり忠臣として真田幸村が必要である。敵役はいわずと知れた徳川家康。登場人物はできた。それにスーパーマンの忍術を配する。西遊記に出る猿、空を飛ぶ猿！そうだ。そうだ。名はなんとしよう。そこで思いついたのが、山頂を雲に埋めている四国の石槌山の麓にある猿飛橋である。猿飛がよかろう。姓はきまった。創作工房一同の発案で、わかりやすくゴロを合わせて佐助と一決した。

こうしてできあがったのが、『忍術名人猿飛佐助』である。

男女関係のアクドイ色事は一切ぬきで、忍術は石川五右衛門や仁木弾正・自雷也のように悪のために使うのをさけて、善人ばかりに使わせる。もし忍術を悪用したら、たちまち術が破れるという。底抜けに明るいユーモラスな空想小説であった。これが立川文庫第四十編として売り出された。

うけた、うけた。大いにうけた。お敬一家の創作工房は大車輪の筆力を傾けて、忍術ものを矢つぎ早に生んでいった、【表8】の如くである。

忍術は忍術を生み、忍術物創作工房は有頂天の人気に湧いた。

暗号（忍びいろは）

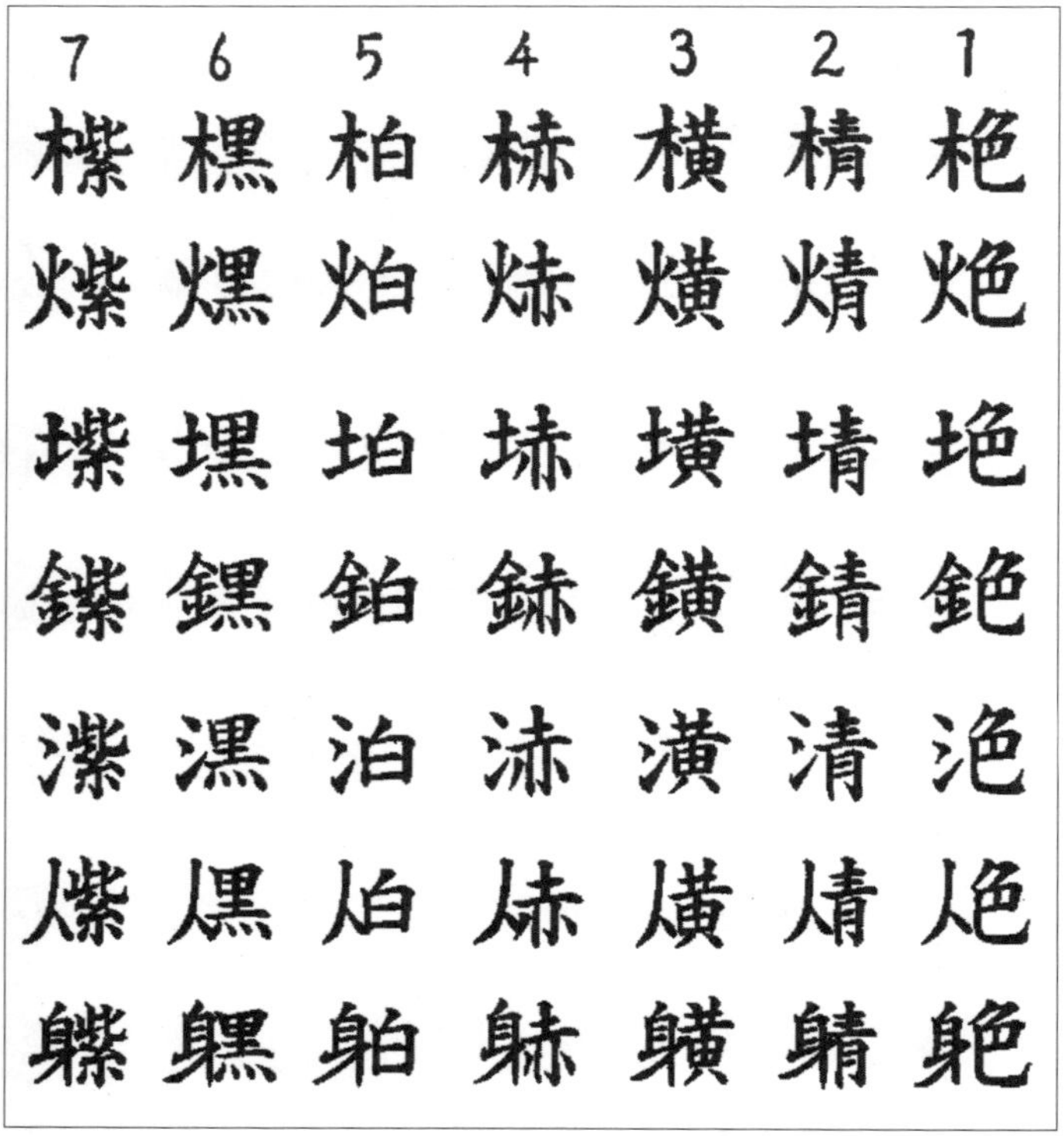

【図】忍びいろは

忍者が使った暗号は、各流派ともに厳秘を守って盗読を防いだので、いまそれを推知するのは難中の難であって、その手がかりをつかむことは容易でない。それで、いま忍史書に伝えられた一例を示して、その構造と判読法を解説してみよう。これは忍術四十九流派のある一派で用いたもので、実は「隠書」といって大秘事口伝とされているもので、次のような字づらをしているのである。

右図の四十九の記号から成り立つ。

これは二つの系統の要素を組み合わせたものである。一つの要素は、天地の構造を五元素とする五行説と人間を組み合わせたものである。すなわち、木・火・土・金・水（シ）と人・身の七字を記号の一部（漢字のへんにあたる）とする。1〜7行までは共通する構造であって、第1行は七つの記号が全部「色」という字を構造の一部（漢字のつくりにあたる）に配置している。いいかえると、第1行は木・火・土・金・水・人・身に色を組み合わせ、第2行は同じく「青」の字を、第3行は「黄」の字を、第4行は「赤」の字を、第5行は「白」の字を、第6行は「黒」の字を、第7行は「紫」の字を、それぞれ組み合わせているのである。要するに天・地・人に七つの色を配合して七×七、四十九の記号を案出したもので、古代人の世界観を表示した記号である。

と同時に忍者の哲学的・合理的考察の所産として、三嘆に価するものである。

さてこの四十九の記号は、何を意味するのであろうか。

忍書『万川集海』には大秘事として、そしてこれは口伝であるとしるして解読のいとぐちを語らない。

著者はこの記号四十九に、まず日本語のアルファベットである「いろは」を配当してみた。最後の一つを残して全部埋まる。そこで残った一つに、文章表現に必要である「。」「、」を配したのである。「あいうえお」

【図】『万川集海』に見る「あいうえお」

を配当せずして、ことさら「いろは」をとったのは理由がある。

この場合のヒントは、第1行の七記号には全部を通じて「色の文字が用いてある読み出しを暗示したものであろう。著者にはこれが、解読のカギ穴であったのである。暗号はいうまでもなく、系統式と非系統式の二種に大別されるが、これは漢字の字母を造りかえて組み立てた系統的暗号である。最後の第7行の通し文字に紫の字が配当されているが、「むらさき」が古来男女間の情愛のいろこまやかな象徴―色模様であるという解読の秘訣は、いわぬが花である。

さて以上のように解読はしてみたものの、この暗号を実際に用いた文書の記録例が、今のところ見当らないので、果して正解であるかどうかが判明しないのは残念である。

ところが『万川集海』の同じ巻の五に「言葉通ずる貝の約の事」というくだりで、ホラ貝の吹き方で味方同志が言葉を通ずる暗号の秘伝を述べたところに、この暗号が、右図のように序列記載されている。それで、これに「あいうえお」の平がなを音列順に配当してみると、次のようにあてはまる。⿰亻赤(お)⿰亻紫(ん)⿰身紫(「。」「、」)の記号の三字を除いて四十六文字が見事に入る。(え)と(ゑ)の混同はやむをえないし、⿰亻赤(お)は清(を)で代表できるから問題はない。⿰亻紫(ん)と⿰月紫の記号が抜けることになる。

音波による暗号は、手旗信号と同様に単純であまり複雑な報道には使わないのが原則であるから、以上の四十六文字でもたいした不便もあるまいと考えられる。

この応用例によって、忍びいろはの解読も大きな誤りもなかろうかと思うしだいである。

【表9】忍び言葉1　自然と生活に関するものが多い。

月と日	星と水波	山と森
森と里	谷と水	山と波
花と実	海と塩	戸と障子
火と煙	松と緑	畳と縁《へり》

【表10】忍び言葉2　忍書の所伝からみる例。

煙と浅間	花と吉野	雪と富士
萩と宮城野	月と更科	松と高砂
梅と難波	鶉と深草	蛙と井手

合い言葉

忍者はその行動に際して、同志を識別するためにいろいろなコール・サイン（すなわち、合い言葉）忍学でいう忍び言葉を使ったのである。忍者が本領を発揮するのは夜戦である。黒白を弁じない夜襲にあって、忍者仲間の連絡はもちろんのこと、軍師として城主に招かれた場合、用兵作戦の必要から、合い言葉の研究にはまた苦心の労を積んだのである。赤穂義士が吉良義央を夜戦で討ち取ったとき用いた、「山と川」の合い言葉は今古に名高い。戦国の勇将浅井長政は永正十四年五月の小谷城の夜戦で「山と谷」の合い言葉を使った。だいたい合い言葉は、記憶し易い、そして日常生活に即した簡易なものが喜ばれる、例えば（【表9】）の忍び言葉の用例が著明である。しかし合戦とその状況によっては、簡易な対語であるだけに相手に盗聴される危険もあるので、毎日変更するのよぎなきにいたり、ひどい時には一日のうちに二、三回も変更する場合すら起って、混乱を招くということもあった。

そこで忍学においては、複雑な観念連合によって、相手に盗知されないような方法も案出した。これはもちろん、仲間に周知させるのも困難であったが、盗聴を防ぐためには、あえて断行するの処理をとったのである。忍書の所伝によると、（【表10】）にあげたものなどである。煙と浅間（浅間山の煙）花と吉野（吉野山の桜花）雪と富士（富士山頂の雪）などは文学的な常識による観念連合として、誰しもが深く考えるまでもないが、萩と宮城野以下になるとそう簡単には解明できない。そこで、古今の和歌集をひもどいて、その出典を考えねばならない。このなかでも「萩と宮城野」と「月と更科」は古くから親しまれた歌まくらであって、別に異とするにもあたらないであろうし、「宮城野の萩」「更科の月」といって歌人の詞藻を温めた。「松と高砂」は、名だたる高砂の松である。そこで「梅と難波」「鶉と深草」と「蛙と井手」の三つの合い言葉について、その出典となる名歌を引き出してみよう。

①**梅と難波《なにわ》**

難波津に咲くや　むかしの梅の花　今ぞ春なる　うら風ぞふく

後京極摂政前太政太臣―新勅撰春上

②**鶉と深草**

夕ざれば野辺の秋風身にしみて　鶉なくなり深草の里

藤原俊成―千載集秋上

③**蛙と井手**

あしびきの山吹の花咲きにけり　井手の蛙は今やなくらむ

藤原興風―新古今集春下

かくれぬに忍びわびぬる我身かな　井手の蛙となりやしなまし

忠為朝臣後撰恋歌二

九重に八重やまぶりをうつしては　井手の蛙の心をぞくむ

二条太皇太后宮肥後―千載集春下

藤原清輔が書いた袋草子によると、節信という人が紙に包んで持っていったと伝える山城国綴喜郡井手の玉川の蛙を詠じた数首である。

以上の合い言葉を通じて、忍者の心根に宿る優にやさしい詩情を、心にくいまで偲ばずにはいられない。

忍歌と忍詩

忍者の間では、古くから忍術を行う際の心得として、また合図として、または秘法伝授の口伝として一種の和歌が発達した。忍道の精神を鼓舞する教訓的なものから、戦陣に際しての作戦実戦行動のいわゆる忍訓が和歌の形式で整えられた。そのさきがけをなすものとしては伊勢三郎義盛が著わすところの義盛百歌一巻がある。しかしこれは軍歌の域を脱しない。古忍学の正典である『万川集海』にその最も多くが忍び歌として数十首散見している。また同時代の『正忍記』に一、二例がある。

いまその主なるものを忍道・忍勇・風雨・忍機・忍計・夜討夜番・戦陣などに分類して列記しよう。

《忍道》

忍びとて道に背きし偸みせば　神や仏のいかで守らん

もののふは常に信心いたすべし　天に背かばいかでよからん

偽りも何か苦しきもののふは　忠ある道をせんと思はば

目付者またはしのびに行く時は　書き置きをせよ後の世のため

《忍勇》

忍ぶには危きなきそよかるべし　前疑いは臆病のわざ

しのびには習の道は多けれど　まず第一に敵に近づけ
驚うかす敵のしかたに騒がなば　忍ぶ心のあらわれぞする

《風雨》

雨風の頻りなる夜は道暗く　しのび夜討ちのはたらきとなる
大風や大雨の降る時にこそ　しのび夜討ちの便りとはなれ

《忍機》

大勢の敵の騒ぎは忍びよし　静かな方に隠れ家もなし
忍びには時を知るこそ大事なれ　敵のつかれと油断するとき

《忍計》

忍びには三つの習あるぞかし　不敵と論とまたは智略と
道筋に目付けせんと心がけよ　出処忘れて深く走るな
忍びには二人行くこそ大事なれ　独り忍びに憂きことはなし
ただ人を連れて忍びに行くならば　先づ退げ口をしるし覚えよ

《夜討・夜番》

夜討ちには敵のつけ入ることぞある　味方の作法かねて定めよ
夜討ちには忍び物見を先ず立てて　敵の案内知って下知せよ
夜まわりや大事の番をするときは　静まりいつつ物音をきけ
夜まわりに討ち捨てぬるぞ大事なれ　はやまり過ぎて味方討ちすな

夜まわりに不審の者を見つけなば　智略をまわし生け捕りにせよ

《戦陣》

わが方に忍びの入ると思ひなば　味方を数えせんさくをせよ

忍び得て敵方よりも同士討の　用心するぞ大事なりけり

同士討も味方の下知によるぞかし　武者の印しをかけて定めよ

敵城にしのぶ印しを取るならば　紛れぬ物を肝要とせよ

敵方の城や陣屋に名を書いて　しのび印しを人に知らせよ

騒がしきことありとても番所をば　立ち退き去りしものとこそきけ

敵方の旗馬印し取ったらば　味方のために悪しきとぞいう

忍ぶには身のはたらきはあらずとも　まなこのきくを肝要とせよ

*おのずから利は有明のものなれば　ひらく扉に月ざさし入る

*うつせみのもぬけのからと身はなりて　我もあらばこそものおしはせめ（＊二首は『正忍記』）

以上三十首の忍歌は本書の各説そのところどころで随処に引用した部分もあるが、ほとんど大部分が作戦と行動に関する歌で占められている。忍術が本来兵法・戦術として発達したものであることを、おのずからなる姿で物語っている。なにぶんにも忍書は秘中の秘として、門外不出の禁書であって、忍歌の紹介は寡聞にして知らない。その文学的な価値は論外として、わが歌学史に蛇足を加えうるならば幸いである。なお右の歌は原本そのままでなく、読み易いように現代文に書き替えたことを断っておきたい。

次に忍詩であるが、これは忍学の性質上数少なく次の二種を知りえた。『正忍記』に記されたものであるが、掲げて江湖の一餐に供したい。

①　江南ノ錦水ハ　於レ天ヨリセ　碧《あおシ》
　　中ニ有リテ白鷗一　閑ナルコト似レタリ我ニ

『正忍記』―地の巻・人鳥の教

②　金ハ以レテ火ヲ試ミ　人ハ以レテ言ヲ試ム
　　花中ノ鶯舌ハ　不レズシテ花ニ香シ

同書―同巻

①については、「心の中はいかばかりいそがしくとも、かたちのうららかに物静かなる水鳥の如し」と説いて忍者悟道の精神をこの詩に託したものである。

②については、『忍者心得帳』（第九編「花中の鶯」）の項で考説したので省きたいが、金鉄も火をもってすれば自由自在であり、人間も言葉一つでどうにもなる。花中の鶯の音声は、花ではないが、花よりも芳香を放って人々を悩殺するというのが詩意であるが、花をねらわばまず鶯を手なずけよという忍学の「近入り」の極意を伝えたものである。

第五編　忍術と道徳

第一章　忍者の倫理

忍術と女

忍者の中には、それは卓越した教育者と指導者がいたらしい。忍学の倫理綱領と名つくべき信条として、まず「正心」を説いている。

『万川集海』巻一、二に、正心と題して「それ忍の本は正心なり」とし、正しい心を忍道の本体とするのである。すなわち正義・人道に立つ兵学であり武術であることを開巻第一に主張している。もしも邪心・悪心をもって行うならば人類・社会に及ぼす害毒はおして知るべきであって、まさに人類社会の破滅であるというのである。

約二百年前に書かれた忍書『甲陽軍鑑的流』の奥書に、「君のため、天下のためより外、堅くこの法を行うべからざるものなり」としたためているが、正心こそ、古今を貫く忍道の基本精神であった。

さて、正心の条目のうちに、いろいろな禁止条項が掲げられていて興味深いが、その中に三大禁制がある。すなわち酒・色・欲の三禁であって、この三つは、「わが本心を奪う敵なり」という。

飲酒と女色と物欲が、古今東西を通じて、人を社会をあるいは国をいかように毒したかは、ここに説くまでもあるまい。忍びの術が酒・色・欲の三つだけを目的とするというならば、もうそれだけで身の毛がよだつ。特に女は忍者にとってタブーであった。それどころか、女という文字を使うことさえ極力さけていた。『万川集海』巻の八の陽忍の篇に、「くノ一」の術という秘伝がある。

「くノ一とは、〝三字〟を〝一字〟としたるものを忍びに入れるをいうなり」という。

おもしろい小学生用のクイズであって、女という文字を三つに分解した秘密文字である。

これは、女を使って行う忍術の特例であって、「くノ一」の術は、女を相手方の奥に忍び込ませて、この場合奥女中として住み込ませることが多いが、相手方の動静・秘密を探知して報告させる手段とするのである。これは非常に効果的であるけれども、また恐るべき危険もはらんでいることは、東西歴史の物語るところである。忍術の古典秘書『万川集海』二十二巻中に、数百の忍の方法・技術が精説されているけれども、女を使う術としてはこの一例しかない。要するに忍者にとって女人は禁断の果実としてタブーであり、地獄であり、邪術・妖術の外道門として戒禁されたのである。

正心

忍はすなわち刃《やいば》の心である。心に刃をあてる、いいかえると心を殺す心である。私心を滅却して正心を振い起す自己確立であった。公儀の遵守、これが忍者社会に成立した道徳規範であった。この指導精神からいろいろの信条が打ち出されたが、その中で前記の酒・色・欲の三大禁条は、忍者たちが死を賭して守った仲間のおきてでもあった。女色については「くノ一」の術例をあげて考述したので、ここでは、物欲に対する忍者の心情を古来の歴史的事件から拾いあげて、その高潔な精神をうかがう一助としたい。

関ヶ原の緒戦において、石田三成は機先を制して徳川方の伏見城を突いた。この時家康の招請に答えて馳せつけた数百の甲賀古士団は、城に立て籠り防戦につとめたが、衆寡敵せず、凡そ百名が討ち死した。国内統一に成功した家康は江戸開府とともに、伏見戦死者の霊を弔って、大原六左衛門以下の子孫を召し寄せて、四千石を与え甲賀組（百名）を編成して、江戸城正門の守護に当らせ、裏門を守った伊賀組と合せて世に忍び組とよんだことはたびたび詳説した。その後、子秀忠は甲賀古士の尚武廉直の精神とその特技であった忍術を愛惜して、在郷の士を膝下の安房・上総（千葉県）両国に配置し、かわるがわる近習として仕官するように勧めたが、利害に恬淡であったかれらは、数代の郷国を離れて遠国へ転住するのを断わった。その時、秀忠は権勢名利に汲々たる時代精神を越えた甲賀の一徹清廉な風格を愛賞するとともに、

「故郷に執着するのも無理ではないが、あまりこだわると、さむらい出世のさわりになるぞ」とたしなめた。その後数年して、秀忠は上洛の節に膳所《ぜぜ》城（大津市）に一同を接見して、「郷土への執心はまださめないかな！」とたずね、未練たっぷりであった。甲賀忍者の精神躍如たるものがある。

くだって、三代将軍家光の時、島原の大乱が勃発した。前半戦において、精鋭を誇る諸大名の連合軍は正直のところ大敗を喫した。そこで寛永十五（一六三八）年陰正月老中松平信綱は総勢十四万の総指揮官として現地に乗りこんだ。その際に甲賀忍者望月兵太夫以下十名が将軍家光の特命によって従軍し、軍状偵察に抜群のてがらを立てたことは著明の事実である。この戦は人も知る古代ローマ帝国の大軍の重囲を受けたカルタゴと同じ包囲作戦で、いわゆる兵糧攻めであった。案の定、籠城四万の男女が飢餓に瀕した落城一ヶ月前の陰正月二十一日のことである。鍋島陣で籠城軍の兵糧一俵を分捕って、信綱に激賞された光景を見た甲賀忍者たちは驚いて、「さような分捕りもご奉公に相成るか？」と質問した。

忍道の精神からは、まことに不坪千万の事件である。

信綱は、「敵陣の兵糧はこの際最も大切である。たとい一粒たりとも、みかたに奪取できるならば、忠節この上もなく、いつれもてがらである」と説明したので、甲賀十忍者は勇躍して、西の浜手に陣どった黒田

長興のベース・キャンプを出発して、原城の海浜の塀ぎわに籠城軍が貯えた大切な兵糧十三俵を盗み取り、作戦に協力して「比類なき儀」の讃辞を受けたのである。物取りが、兵糧攻めとはいえ、比類なきてがらとあっては、甲賀忍者もさぞかし片腹痛いことであったろう。

忍歌には、次のようなものがある。

忍びとて道に背きし盗みせば神や仏のいかで守らん

第二章　忍　道

忍術と修養

忍者の家格に上中下の三忍、いいかえると上忍・中忍・下忍のランキングがあることは一度述べたことがあるが、なんといっても、忍学の理想とするのは上忍である。それでは忍術学では、どんな人物を忍者の理想像として教育したのであろうか。おおよそ次の十ヵ条をあげてその基本資格としている。

第一　忠・勇・謀・功・信の五徳を兼ね具えて、しかも身体健全なる人。

第二　平素は柔和であって、義理がたく、欲少くして理学を重んじ、行いは正しく、恩を荷って忘却しない人。

第三　弁舌に長じて博く内外の書を読み、智謀深く、平常の談話でもわかりが早く、人の口車に乗せられて欺かれない人。

第四　天命を知って儒仏の理を兼備し、死生も命あることを常に心にかけ、私欲を離れるよう心がけ、先哲や古人の語に心を入れる人。

第五　武士の法を知るを好み、古の士に忠勇の心固い人があって、義に因って主命に代り智謀をもって敵を滅した和漢の名士の風を慕い、軍利戦法に心を寄せて英雄の気象が備わった人。

第六　日頃は人と論争することを好まず、柔和にして、しかも威あって義深く、善人の名あって表裏なきものと自他の国邑《むら》までも風説ある人。

第七　妻子親族など正しくあって、反忍（裏切り忍者のこと）の害あるまじき人。

第八　諸国を旅行して、諸所の国風を熟知している人。

第九　忍術をよく学び、謀計に敏く文才あって書道をよくし、最も忍術を手練し、軍利に志厚い人。

第十　軍術はいうに及ばず、諸芸に熟達し、詩文・歌舞・音曲・物まねなどの遊芸も身につけ、時宜に適して演出し、如才ない人。

これが忍術教育の指導要領である。まったく驚くほかはない。しいていえば、忍術大学の教育方針とでもいえようか。上忍たるの道、またかたいかなである。以上は今から三百年前に書かれた忍学書『万川集海』の中から、「忍者召し仕うべき次第の事」という条項を、抜き出したものである。

第六編　忍　法

第一章　忍術の秘密主義

忍術の秘伝とおきて

忍術は文字通りに忍びの術で、昔はたんに術といって、絶対の秘密であって、もしも秘術を勝手にしゃべったり、たねあかしをしたならば言った者も聞いた者も、立ちどころに有無をいわせず殺されたのである。これは忍者の社会では不文律として、固く守られたおきてであった。それについておもしろい証拠が残っている。甲賀の名族柏木（滋賀県水口町）三家の一であり、忍者としても二十一家に名をつらねていた山中藤内が、忍術の宗家格であった大原数馬外一名に宛てた誓紙に、

誓　紙

御自分家御預りの忍術の書懇望致し候に付御授与下され候　仲間中の外は他見他言致す間敷候若し相背くに於ては冥罰を蒙る可き者也　仍て誓書如件

山中藤内

寛政元年六月

大原数馬殿

すなわち、「あなたの家に伝わる忍術書を一度見せていただきたいと、かねがねお願いしておりましたるところお授け下さいまして厚くお礼申します。仲間の者以外には決して他見も他言もいたしません。もしも約束を破るようなことがありましたら冥罰（死んでも罰をうける）を蒙っても異存はありません。ここに誓書といたす次第であります」というのである。日附は寛政元（一七八九）年六月とあって非常に古いものであり、忍術誓書として現存する唯一のものであり、いま山中文書として伊勢の神宮文庫に所蔵されている。同文庫には『山中家忍法』と題記する一冊（美濃紙四十二枚）の写本がある。内容は『万川集海』の巻一の忍術問答と、正心第一、第二を抄写したもので、とくに異とするに足りないが、前述の誓書と関連づけて考えると興味が湧く。また西田家（滋賀県甲賀町）所蔵の『神伝忍術秘書』一巻には、

猥《みだ》リニ他見致スベカラズ
我子孫タリ共狼リニ見スルコト勿レ

として、一子相伝でさえ禁じているのである。

しかしながら、徳川中期以後の忍術衰退時代にはいると、この禁条はやや緩和され、一子相伝と題記された忍術書も現われた。（第十編「忍術の文献」参照）

第二章　忍技のさまざま

うずらかくれ

忍学においては天地自然の現象、動と静、一切を含めたフェノメナに対する観察とその応用を学習する。それだから、自然の現象に関する適応の術法がある。どれほど鋭い観察眼を要求したかは、忍歌に、

忍びには身のはたらきはあらずとも
　　眼《まなこ》のきくを肝要とせよ

とあって、たとい体術の鍛練は不十分であっても、ものすごい観察による行動を最も重要としたのである。生きものの動と静の観察から思いついてうずらかくれ(鶉隠)もその一つの法である。袖でもって顔をかくし、手足を縮めて大地にうずくまるのである。その形がまるでうずらが文字通りうずくまっているようであるから、うずらかくれというのである。じっと息をこらして、寒夜に霜を聞くように寂然としている伊賀の忍者は、「石のようにだまって動かない」といわれたほどである。

動くというのは、自己活動の表現である。その意識には、外界に認識を求め、何らかの反応を予想しているものであって、この意味においては自己の発表であり、誇示でもある。孔雀が羽根をひろげた姿――満身色はその極度であろう。空気も「静」そのものの姿では認識の対象にはならぬ。動いてはじめて、枝を震わし、落花の風情をそえる。

闇夜に「人間の石」ともいうべきうずらかくれの法は静と動との氷るような観察から生れた自己滅殺の秘術である。これについて忍学者は、次のような特徴をあげて効用を礼讃している。

仰《あおむけ》と伏《うつむけ》の利害を説明して、

① 相手の方に顔を向けていると、顔がしらじらしく見える。顔を下にしていると、顔の白さが見えない。
② 大凡男子は陽性であるからうつむきが順序である。あおむけは、息が荒く、うつむきは弱い。
③ 相手の息と自分の息が通うことは、覚られるいとぐちである。
④ あおむけになると、からだ手足が伸び広がる形とたり、うつむきは全身萎縮の形となる。
⑤ うつむいて顔をかくしているときは、意識の統一ができ、精気みなぎり、鉄石の心がまえが固まるあおむけは相手が見える体勢であるから、心が動揺して臆病にさそわれる。

というのである。今日の学問からすれば、あまりに素朴のそしりを免れないかもしれないが、形態と人間心理に関して、つぼをおさえているのは感服のいたりである。

昔、伊賀の国で、ある使命を帯び城中に潜行した忍者が夜廻りに出会いびっくりして、とっさにうづらかくれを演じた。もののけはいを感じた夜廻りは、どうも怪しいとにらんで、槍で突いてみた。その時槍の穂先は、したたかひ腹を刺したのであるが、豪胆な彼は痛さをこらえてじつと動かなかったので、夜廻りは、「人間ではなかったか。動かぬわい」とつぶやいて立ち去り、彼は首尾よく城に火を放って目的を達したという。

以上はうずらの形態からヒントを得た隠れの術であるが、次は動物の特異の行動から着想したかくれ術をあげてみよう。ある猟師が狐を打った。たしか手ごたえがあったが弾丸《たま》は急所をはずれて、狐は足を引きずりながら逃げのびて、とある川の淵までやってきた。ザンブと跳びこんで、淵の洞穴に身を寄せて、口と鼻を水の上に出して藻草をかぶって危難をのがれたというが、これを『狐かくれの術』というのである。

昔、ある忍者が名古屋在住の武士に遺恨があってつけねらい、夕暮時に潜入してフランス革命時代のマラー暗殺のように浴室を襲って討ちとり、目的を達したが、この騒ぎに家人はもとより近所近辺の大騒動となって、忍者はとうてい逃げきることはだめだと考えてかたわらの堀に飛びこんだ。堀ばたに柳の大木がおい茂っていて水面まで垂れさがっていたので、口と鼻だけを出して柳の葉でかくし、身体を水中に沈めていた。大勢の追手は水音で、たしかに堀に飛びこんだに相違ないと、松明をかざしてくまなく探したが発見することができず、水死したものとあきらめて引きあげ、危く一命を拾ったということである。

いまあげた二つの忍話は、どれも「昔」という表現を用いたが、三百年以前の記録に記されたものであるから、厳格にいうならば、それ以前の「昔」という意味になることを断っておく。

双忍（二人忍術）

忍術の学習と修練は、あくまで個人の技能完成であって、その方法も個人訓練で、しかも絶対の秘密であった。そういうわけで、集団的な学習と訓練はとうてい望まれなかったし、忍術教室は、なりたたなかったのである。伊賀忍には上忍と下忍の区別があり、上忍は忍学の宗家としての家格と統率権とをもち、多数の中忍・下忍を支配した。百地《ももち》・服部・藤林が三家と伝えられている。また伊賀崎道順が、近江の佐和山城攻略に四十四名の忍者団を編成して活動したことは世に名高い。甲賀忍では、寛永十四（一六三七）年の島原の乱に、総指揮官であった老中松平伊豆守信綱の幕僚として十名が参加し、落城までの詳細な行動記録を残した攻城野戦の特例もあるが原則としては、忍芸といって個人技能の修練を目ざしたのである。

ここで二人以上が組みとなって、忍びの目的を達する特殊の方法について述べるが、これにはチームワークが最も大切であって、いわゆる阿吽《あうん》の呼吸が合わないと、とんだ失敗を招くのである。よほど慎重でなければならない。

二人忍は、目的に向ってAB両人が同行して、この場合はBは入口の敷居にピッタリ身をつけている。Aは入口からなるだけ離れた場所にいて、家人を連呼するのである。それは家人を戸外に誘導するためであって、家人が声に応じて戸外に現われたとき、Bはすぐ家内に潜入するのである。この時Aはしかるべく応待して、避退するのである。また三人忍びともなれば、更に巧妙にして複雑な動作と体勢を有機的に組みたてることができる。例えば塀を乗り越えるにしても、二人並んで一人はその両肩を踏んで登りつき、次は上の者が下の者と協力して他の一人を登らせ、最後に上の二人が下の一人を引きあげるのである。忍びにしても、一人はあらかじめ裏口に待機している。入口においては他の二人がさまざまの擬態を演ずる、例えばなれあいの喧嘩をしたり、おもしろおかしく曲芸その他の演芸をやったり、とにかく家人たちを戸外におびき出すのである。そのスキをねらって、まちかまえた一人は裏口から悠然と潜入するしだいである。これを忍学では『驚忍』とよんでいて、相手を驚かして、その心理的な虚脱をねらうのであるから、さまざまの応用変形があり、いわゆる応変の所作が生れるのである。すなわち、狂人のまねをしたり、火事だ！死人だ！と騒いだり、とにかく人の意表に出た振舞をする。

だからこれは別に深夜を選ぶ必要もないわけで、むしろ人気の多い夕刻または白昼でもさしつかえない。時と処とを問わず、周到な計画とチームワークを最も肝要とする神経戦術というべきであろう。いずれにしても二人以上の組合せ忍術は、そのメンバーが呼吸を合わせ、ちょうど形影相ともなって、一心同体のように投合していないと、非常に危険である。思わぬ大失敗を演ずる恐れがあるので、忍歌に、

忍びには二人行くこそ大事なれ
独り忍ぶにうきことはなし

と戒しめている。

二人忍術の忍例として、こんな話がある。

ある夜、二人組の忍者が、目ざす武将の邸宅についたとき、しのつく大雨となった。一人は裏口にかくれたが、他の一人はわざと軒下に立って傘をひろげ、雨だれを受けたのである。

そのすさまじい物音に驚いた家人が、雨戸をあけて誰何したとき当人は行方をくらまし、裏口に待機した一人はゆうゆうと潜入したのである。

陽忍と陰忍

一口に忍術というけれども、忍術には二種類があって、陰陽に分かれる。すなわち陽忍と陰忍である。しかしながら実際の運用にあたっては、陽陰を併用する場合もあって陽中陰または陰中陽も行うのであって、その組み合わせは時に応じ変に処して、その万化の応用は、忍者の胸三寸にあったのである。

陽忍は兵学であり、兵法であって、いわゆる上忍の学である。謀りごとを帷握《いあく》の中にめぐらして、勝を千

里の外に決する高級の戦法である。忍学の定義によると、「姿をかくすことなくして、顕われたままもっぱら智謀をはたらかして目的を達する術」である。

ところが、これに反して陰忍は世人に親しまれているおもしろい忍術であって、すなわち忍びの術である。「姿をかくして忍び入り目的をとげる術」と定義している。忍学の技術であり、技法であって、いわゆる忍技である。これは一歩踏みちがえると、物とり、山賊、野盗ともなり、戦国時代のスッパに堕落するおそれがあるし、また邪術・妖術の外道に陥る危険があるので、忍家は指導精神を確立して、厳格な戒律（酒・色・欲の三禁）をもうけて、その堕落を防いだのである。

陽忍は高次の兵学であるので、古今の戦史学を研究するとともに築城法・測量術などの土木工学も勉強したのである。山城・原城・水城の縄張り（構造）はもちろん、内堀・外堀の構築にいたるまで、その基礎学を研究しなければならない。

寛永十四（一六三七）年の島原の乱に徳川幕府から特派された老中松平信綱が、甲賀の忍者十名を幕下に引き具して、現地に到着したとき、第一に命じたのは敵城の綜合偵察であった。

同年十二月六日の現地報告によると、

> 伊豆守殿（松平信綱）甲賀拾人の者ども召し出され仰せつけられ候儀は唯今味方の仕寄《しより》（防壕）先より敵城（天草四郎の原城）の塀際までの間数、堀の深さ、塀の高さ、矢挾間《やざま》（箭眼銃眼）の様子、一切不明につき、つぶさに絵図に御しるし、明日江戸おもてへ御注進なされたく思召され候につき、なるべき事には忍び寄り見はかるよう仰付けられ候（勝山文書）

とあるように、信綱は忍者団に対して、総指揮本部のベースキャンプからの敵城まで距離・堀の浅深・銃眼の形状など調査せしめたのである。命を受けた忍者の行動は、次の通りである。

その夜の内に忍び入り、芥川七郎兵衛・望月与右衛門・山中十太夫・岩根勘左衛門・望月兵太夫五人の者ども、早速有馬玄蕃頭（豊氏）殿御仕寄（防壕）へまかり出て御断わり申し、木戸を開かせ、ひそかに敵城の塀下まで忍び寄り候ところ、城中より猿火（上下する照明燈）を下げて松明投げ油断なく用心致し候。故に塀際に味方討死の死体どもこれある中に紛れ伏し（すなわち『人遁の術』）夜陰に及び候て城中の鳴音も少ししずまり候時分二の丸出城までの間数・沼の浅深・道の笠量心・塀の高さ矢挾間の切りようつぶさにはかり、後日の証拠のために出城の角に堅木を差しくいに仕りこれを験しおき（『カギ・物聞の術』）て、まかり帰り、この旨伊豆守殿に委細申しあ げ候ところ御感服なさせられ、あっ晴れ手柄の段仰せ聞こせられ候（同上）

以上の偵察報告によって、つくられた原城の絵図（実測図面）は、特使兼松正直によって早駕籠で江戸幕府に急送され、翌十五年一月十九日の夜、戦況を案じていた三代将軍家光の上覧に供したのである。この集団偵察が、原城総攻撃の基本調査として、重大なる役目を果たしたのはいうまでもあるまい。

以上は兵学（陽忍）と戦技（陰忍）の両面を遺憾なく発揮した実戦上の忍例であって、忍学における陽中陰を実行した複合忍術の典型的なものであり、忍史学中特筆すべき事件である。

上忍とやまびこの術

忍学の教ゆるところによると、忍格に三つのタイプがあり、上中下すなわち上忍・中忍・下忍の三種に分れると定義づけられたのは前にも触れた。上忍は宗家に位する家柄であって、中忍は幹部級であり、下忍はそれらに属する仲間であって、上忍に統轄された。ことに伊賀の忍者社会にこの序列がはっきりしていたようで、世に名高い伊賀十一忍（【表11】）は、実のところ中忍の階級であった。

以上はどれも主として戦国末期に現われた、中級の忍者であった。ところが門地家格ともに秀いで、その上に座して陰然重きにあって、これらの忍者を支配した上忍が控えていたのである。伊賀では藤堂藩に「無足人の制」がもうけられて、忍者はこの階級に分属した。無足人は有事の際には扶持を給与されて軍労役に従事したが、平常は武術練磨のかたわら農耕に専念した郷士であった。いま伊賀上野市の忍町は、その住宅街であったといわれている。

【表11】伊賀十一忍

1	野村の大炊孫太夫
2	新堂の小太郎
3	楯岡の道順
4	下柘植の木猿
5	同小猿
6	上野の左
7	山田の八右衛門
8	神戸の小南
9	音羽の城戸
10	高山の太郎四郎
11	同太郎左衛門

上忍といわれた家柄は、その氏名も所在も極秘にされていたようであるけれども、戦国時代には前記のように百地三太夫・藤林長門守・服部半蔵の三家が世に現われた。忍史学では上忍の封建社会における性格を、次のように論評している。忍道の真髄を体得したものは、「上手も下手も知る人もなくして、功者なるを上忍とする」のであって、例えば、「水浅ければ声があり、深い淵は音もない」のであって、名声鳴るものは、忍学において中忍である。忍の名人は忍者であることを深くかくして、言動に現わさない。ただ陰士・浪人のように

振舞うて忍芸の素振りもみせないが、一旦事あるときは、城主とひそかにはかって、深謀遠慮、忍の極意を発揮し、配下の忍者を動員して勝を一挙に制するのである。目的達成ののちも、いたずらに戦功を誇るでもなく、ただ黙然として、天運つきて自滅したように物語るのである。

真の名忍は、「音もなく、嗅《におい》もなく、智名もなく、勇名もない」のであって、その功は造化の営なみと同じで、「春はのどかにして草木長成して花咲き、夏は熱して草木茂長し、秋は冷やかにして草木は黄ばみ落ち、冬は寒くして草木枯れて根に帰る」のである。

そしてその「智は広大なること天の如く、謀りごとは厚く深きこと地の如く」して、俗忍の思慮及ぶところでないと述べている。これは『万川集海』の忍術問答が教うるところの、忍学の理想であって、いわゆる忍聖の境地であり、結局はどんな上忍も名声をあげて、評判となりいつとなく世に知られたのである。

そこで考究された忍法に「やまびこの術」というのがある。字義通りに呼べば答える以心伝心の秘術であって、あらかじめ自分が仕えている城主とひそかに打ち合せておいた名忍は、目ざす相手の城主のところに行って、実は自分このたび大した過失もないのに、多年恩顧の城主から獄に投ぜられ家宅も没収されひどい目にあった。何とかして復讐をとげたいと思っているので、是非とも召しかかえてほしいとまことしやかに申しでるのである。先方でもこの名忍のことはよく知っているので、身元をよく調べてみると、全くその通りの事実に相違ないので、その城主はすっかり信用して召しかかえるのである。このような芝居を仕組んで、敵城に大手を振って入り、万幅の信頼をうけながら、作戦計画を練るのである。これが「やまびこの術」といって、忍の裏芸として、また極意と伝えられている。

忍歌には、

いつわりも何か苦しきもののふは
忠ある道をせんと思わば

と詠じて、この謀略術を正義化している。

忍者と犬

忍者がいかに自然界、特に動物に対して鋭い観察眼をもっていたかは、「猫眼の歌」で述べたのであるが、ここではもう一つ犬の習性に関する観察を秘伝「四足の習」から抽き出してその一端をうかがってみよう。犬は垣根をくぐろうとするとき、必ず「うなる」のである。この「うなり」にも二種類があって、寝うなりと伸びうなりがある。うなり終ると、こんどは身ぶるいして耳をブルブルっと鳴らす。犬の垣根侵入は、このような前提所作の後に起るものである。

この動物観察は、いうまでもなく『犬くぐりの術』として忍技に応用されている。「うなり」は自分の擬声でやるが、身ぶるいは着ている着物の「つま」をもんでまねる。さて問題の耳鳴りであるが、「つま」をもった後にブルっと振れば、そっくりそのまま実現できるというのである。舞台裏の擬音効果である。

犬には野犬と飼い犬の両種があるが、野犬の方がよくうなる。飼犬はどちらかというとワンワンの吠え方が多いので、犬にはうなり型とワンワン型の両タイプがあるという。犬が道路を行進するとき必ず一方交通を厳守して、例外なく垣や塀に添うて歩くのである。そして寝そべるときには、夏であれば「日陰」冬は「日向」を選ぶ。

誰でも迷惑するのは、人間に吠える犬の仕末であろう。向えばいどみかかるし、逃げるとつけこんで追っかけて来る。子供なんかたいてい逃げおくれて噛みつかれている。合犬《あいけん》という法がある。これはいわゆる犬をもって犬を制するの術である。どんな猛犬であっても、それが雄犬であれば雌犬をつれて行く、もしも雌犬であれば雄犬をつれて通る。そこはそれ何といっても畜生のあさましさ、異性相引いて「犬々ゴウゴウ！」しばし人間の存在を忘れての活劇である。忍者にとって第一の苦手は犬である。以上の習性研究も要するところ必要が生んだ観察であろう。次に研究されたのは、犬の食餌である。それも手なずけるだけでなく、生殺の恐るべき方法も考えた。すなわち、

手なずける法　自分がもっている携帯口糧の焼飯を食わせる。

殺生の法　馬銭《まちん》をまぜて食わせると酔って死ぬ。しかし水を飲むと生き還るという。

馬銭は熱帯性植物で、その種子から興奮剤を製するのである。

必殺の法　馬銭に鉄粉（鉄のやすり粉）をまぜて食わせると即死する。

このように犬は忍びの敵であり、鬼門として恐れられたが、それだけに習性の観察とその模倣から特殊の忍技も編み出されているし、麻酔・毒殺にいたるまで、対策のたえざる研究には、三嘆の外はない。

花のあけぼの

忍者がもしも変幻自在、神出鬼没の術と見ゆる行動を行うとすれば、それは火を巧みに使うからともいえ

る。それほど火術については、研究の精をつくした。忍者の使う道具を忍具または忍器というが、その中でも火に関する道具が最も多い。（第九編「忍者心得帖」参照）

火の燃焼力そのものを利用して火攻め焼き打ちの術も、しばしば行い、その術策もさまざまにあるが、ここでは燃焼の際に発するところの光度を応用した照明具について、その二、三を解説しよう。

忍者が活動するのは、原則として夜である。深夜は忍者の天国である。この闇路を照らす照明たいまつ用具は、筒になった油の松明である。これを彼らは「卯花月夜」とか「秋月」または花の曙などの名称を用いた。照度の強さから卯の花が咲き乱れた月明の夜、すみ渡った秋の名月、花一面のあけぼのとゆかしい雅名で呼んだ。忍者の世界は、いかにも陰険殺伐極まる悪魔の巣のようにも想像されぬでもないが、実は本書でたびたび繰り返したように、忍び歌を唱し、正心の道徳律を守り、忍具にもこんな雅名を用いているのであって、武士の流れを汲む忍者社会にはこんな風流が賞でられていた。

以上は大照明であって、随時に明滅する照明灯も忍ばしていた。明滅自在で、触るれば消え、吹けば燃える道具をヤワラ松明といった。また削《けず》り火といって、小刀で切ると火を出すライターも持っていた。南蛮山といって、籠城の敵または陣屋に投げこむと発火する投げこみ照明具もあった。南蛮という名は今でいえば西洋船来のことであって、キリシタンと鉄砲の伝来は切り離しては考えられない。南蛮渡来の火術を取り入れて、こんな名前をつけたのではあるまいか。夜討チンモン火は火矢の一種で、火をつけて射ると、夜空高く飛んで敵陣を照らす空中照明であった。水の松明は、雨中に消えないしかけの照明であって、節穴または窓わくから内部を照らす道具であり、もっぱら室内偵察用に使ったものらしい。水篝《みずかがり》は水中でも燃える照明で、敵城の堀の底を照らして、水の深さや、水中の障害物を探知するのに用いた。そのほか、合図信号用ののろし、複合火薬を利用した赤・青・臼・黄の煙幕、それに爆音から考案した百雷銃—連続して爆発するしかけなど千変万化の火術があった。今から四十年前に、講談師神田伯麟らが張り扇の間から語り出した、煙りとともにドロン・ドロンの忍術講談は、この煙幕を背景にしたオバケ忍話の一節である。神出鬼没とか魔術と恐れられ、神通力を発揮したかのように見せかけてスーパーマン的な驚異と畏敬とを勝ち得たのは、火術の応用が生んだ忍芸の一面をとらえた世人の幻覚に過ぎなかったのである。

『万川集海』その他の忍書には、その製作・調剤・使用法まで五十数種にわたって精細に述べているが、ここでは煩をさけて火術の数例を考説するだけにとどめたい。

水と忍術

「山の姿、河の流」これは忍学においても、基本教科の一つであって、その地勢学的研究にも智嚢をしぼった。ことに陽忍（兵学）では、攻城・夜戦の立体的な条件として学習は容易でなかった。城廓と地形は、兵家の最も苦心したところではあるが、同時に水系をも考えねばならぬ。城の防御の生命は水である。内堀・外堀の水をどこから引くか、江戸城は東の方の隅田川と南の方の海とともに給排水の水源となっている。河川に恵まれた彦根城は琵琶湖が築城プランの給水源に織りこまれたのはいうまでもない。城と水とは、要するに二元一体であって、水を離れて城は考えられない。もう一つ兵家が苦心したのは城中の水である。城内に水源を求めて幾つかの井戸を掘らねばならない。これが大変である。山あり、河あり、海ありと築城の要件は一通りそなわっていても、城内に水脈があるかどうか。ボーリングしないで、さてどうして水源を探知するか。忍学ではこんな手ほどきをしている。山中に水脈があるかどうかを検出する方法として、

① 山肌を二、三尺掘りおこして、耳を大地にあてて地肌の呼吸をはかる。水脈があるならば 何かしら鼓動を感ずるという。水の脈拍診断である。

② 山中に洞穴を探し当てて、その中に木綿手拭をひろげて地肌にピッタリつけておく。翌日その手拭の目方をはかって、乾いた時の目方とくらべて重ければ、水脈近くにありと覚れという。

③ 鳥のおや羽根を地肌に突き差して、数時間の後に羽根の羽毛に水滴がのぼるならば水脈近くにあるという。

④ ケラ（昆虫）蟻の穴のあるところ水がある。

⑤ 山の尾根の形状から水源の有無を観察する。

⑥ 谷あいにある草木の種類と繁茂の状況から観察する。すなわちおもだか・かきつばた・芦などが密生するところ。

山中において谷川のないところで、地下水源を発見するのはなかなかたいへんなことであるが、以上の探水術は素朴な方法ではあるけれども、一つ一つ現代の科学から見て全然否定して一笑に付すべきではなく、考えるほど、ツボツボにはまり、素人観察というよりも科学的診断の手法を教えるものとして、その思いつきをたたえたい。

さて次は、戦国諸大名が攻城戦にあたって最も苦心して調査したのは、敵の城の構造であるが、その中で防御の最終線でまた攻城の第一線である堀の深さと幅とを探知測量することである。忍学においても、ここに着眼して周到綿密な研究を重ねたが、堀の幅を測る方法として凡そ公式化した方法は『糸矢の術』であった。これは矢ハズの部分に目盛りをつけた糸をつけて、堀の岸から向う岸にむけて、矢を放ち、その長さによって堀の幅を測定するのである。その次は、堀の深浅である。大凡、堀には水をたたえた堀（濠）と水のないから堀とがあるが、水堀は深さに浅深がある。それは城主が厳秘を守り、味方にも絶対秘密として用心したのである。忍学においては、

① 水の色によって深浅を判断した。すなわち水面の色の濃淡によって深浅を観察する。深い堀は青黒くどよんで、浅い堀は色浅くさざなみがあり、ところどころに浮き草がある。

② 水の色によって深さを見破られるのを防ぐために、浮生植物を縄にあんで浮べてカムフラージュしている場合は、浮草の葉茎に生色が十分でないのを看破する。

③ 精密に知るには、目盛りとウキをつけた糸に「おもり」をつけて投げこんで深さを測る。

以上のように、忍学のあらゆる基礎は、科学である。寛永十四年の暮、島原の乱に総大将老中松平伊豆守信綱が、甲賀忍者団十名に命じて、原城の堀の深浅の偵察を行った際に、測量した測定区は将軍家光の上覧に供したが、恐らく右の方法によったと思われる。

無門の一関

『正忍記』二巻の中で、終りの三巻は、いわゆる奥秘伝であるが、その第一に『無門の一関』の秘伝を教えている。そのあらましを述べると、まず、

さとりにくい心は人の心である。そのことを語らせようとすれば、なお用心して深くかくすから、まずほかのことを語って、そのことを引き出し、その利におごらす（ひきつける）がよろしい。言葉のはしばしを求めてゆるしてはならない。あくまで追求する。　※意訳

というのである。人心の機微をつかんでやるべきで、真正面から切り出すと、相手はますます用心して心の蓋を閉じて黙秘に出る。そこで話題をそらしてあらぬ方向に話をむけて、利をもって釣り相手にしゃべらせる。その言葉のバシバシをうまくキャッチして、たくみに追求して口を割らせる寸法である。

また述べて、「物をかくすのも、不審のおこるところである。ここに心をつけて、ゆるゆると尋ねたがよい」といって、黙秘に対処する方法を教える。そういうわけであるから、

人が自分に尋ねかかる時には、軽く受けて思いもよらぬことを語って相手の様子を見るべきである。昔から問うには落ちずして話しに洩るるというが名言である。そこで自分が聞きたいと思っている事に似たような話を存分にさせるがよい。あまり荒立てると嫌われる

といって問答法の要諦を説く。また、

身分不相応の道理を言ったり、利口なことを言うのは、必ず外から教えられているものと覚るべきである。自分から発しない道理は、その事品（対象）が替ると応用自在にははたらかないものである

といって、入れ智恵すなわち外智導入の愚を道破する。そこで忍の要道は、

自分の道理が足りないのに人をはかろうとする時は、必ず曝露して、反って人にはかられる。そこで唯自分の心をゆたかにして、利をいっぱいにしかけて、敵のうすいところがあれば、敢然これを求むべきであろう

ここに、「無門の一関」を突破する真理を会得できると説くのである。忍歌に、

おのずから利は有明の物なれば
　　ひらく扉に月ざさし入る

玩味に価する名首である。

忍者の記憶

写真提供：村上 直

装束と忍具

【忍び装束】
黒が正規の装束とされた。
帯は幅広くことに際していろいろに用いる。
足袋底に真綿を厚く入れ、
足音を消すと共にケガを避ける。

【忍者の活躍】
道具「かすがい」を使い、城の石垣をよじ登る。
『万川集海』の記載に基づいた再現。

【忍具】

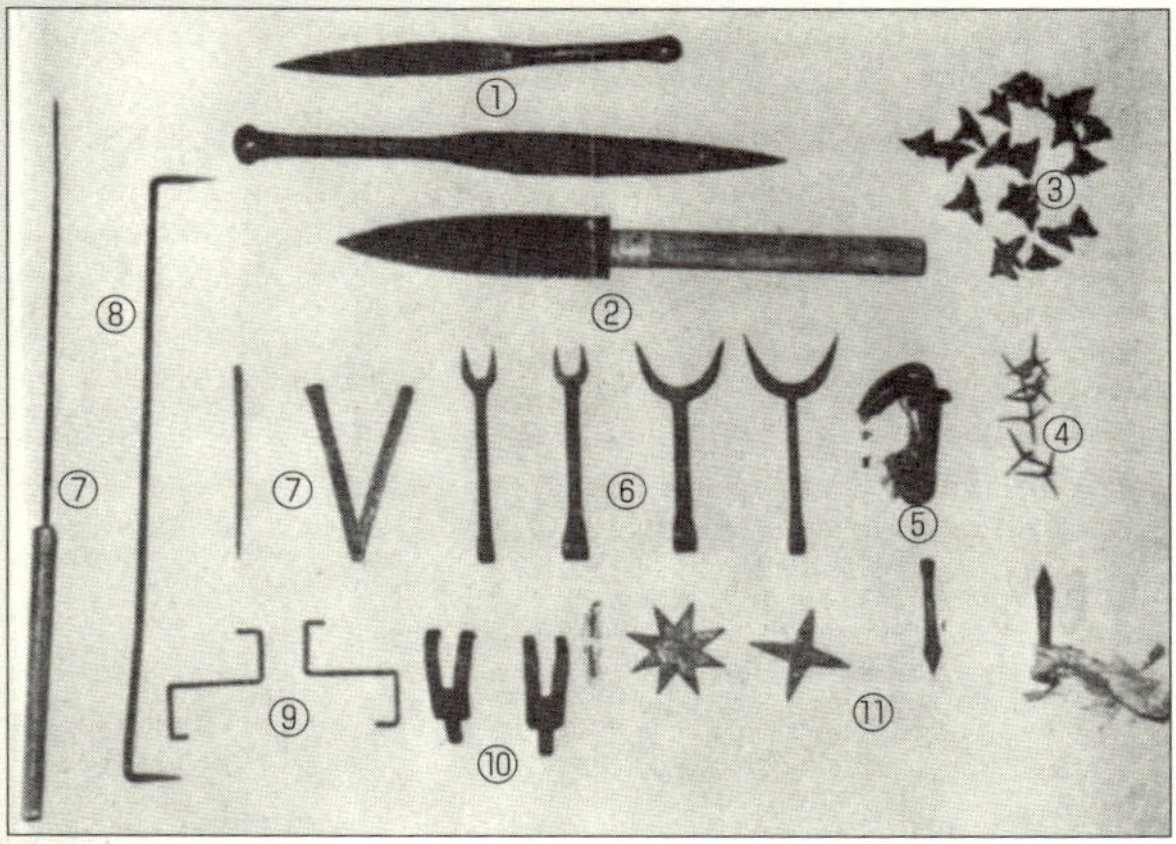

①苦無（くない）… 門扉などの備えが厳重で潜入困難な場合、土台下に穴を掘る道具。
②錣（しころ）…… 両刃のノコギリで戸口等を破る時に使用する。これには大中小とあり、小は常に携帯していた。
③菱（ひし）……… 追手の足を遅らす為に路上にまく。菱の実が多く用いられ携行食としての機能も有していた。
④鉄菱（てつびし） 菱の実と比べ、防御威力は大きい。
⑤かぎ……………… 高所に登る時等に、縄先つけて引っかける為に使用した。
⑥錐（きり）……… 戸の錠前や鍵を開ける、または開ける道具を差し込む穴を開ける為の道具。Ｙ字形で先を鋭利にした鋼鉄製の錐を樫柄にとりつけたもの。大坪錐、小坪錐の別がある。
⑦さく……………… あらゆる錠を開ける時に使う。
⑧かすがい………… 大小あり、大は石垣などに差し込み急造の梯子として使う。小は四本をもって天井等にコウモリの如くへばりつき、長時間身体を支えるのに使う。
⑨戸締器…………… 家人が逃げ出すのを防ぐため、外から戸口等を施す金具。
⑩しめき…………… 草鞋の落脱防止金具。
⑪手裏剣…………… 刃先に毒を塗って投じる暗殺用の武器。

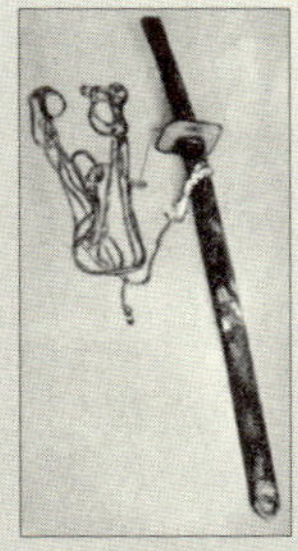

【忍び刀】
丈は短く塀などを乗り越える際に、
尖った鉄鐺を地面に差し、
大きな鍔を足掛かりにする。
下緒は使用後に刀を手許に手繰るために長い。

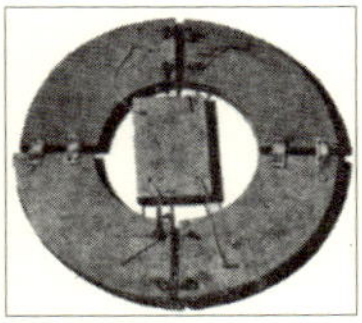

【忍具：水ぐも】
折り畳み式の下駄のようなもので、
水上を渡る時に用いる。

忍術文献

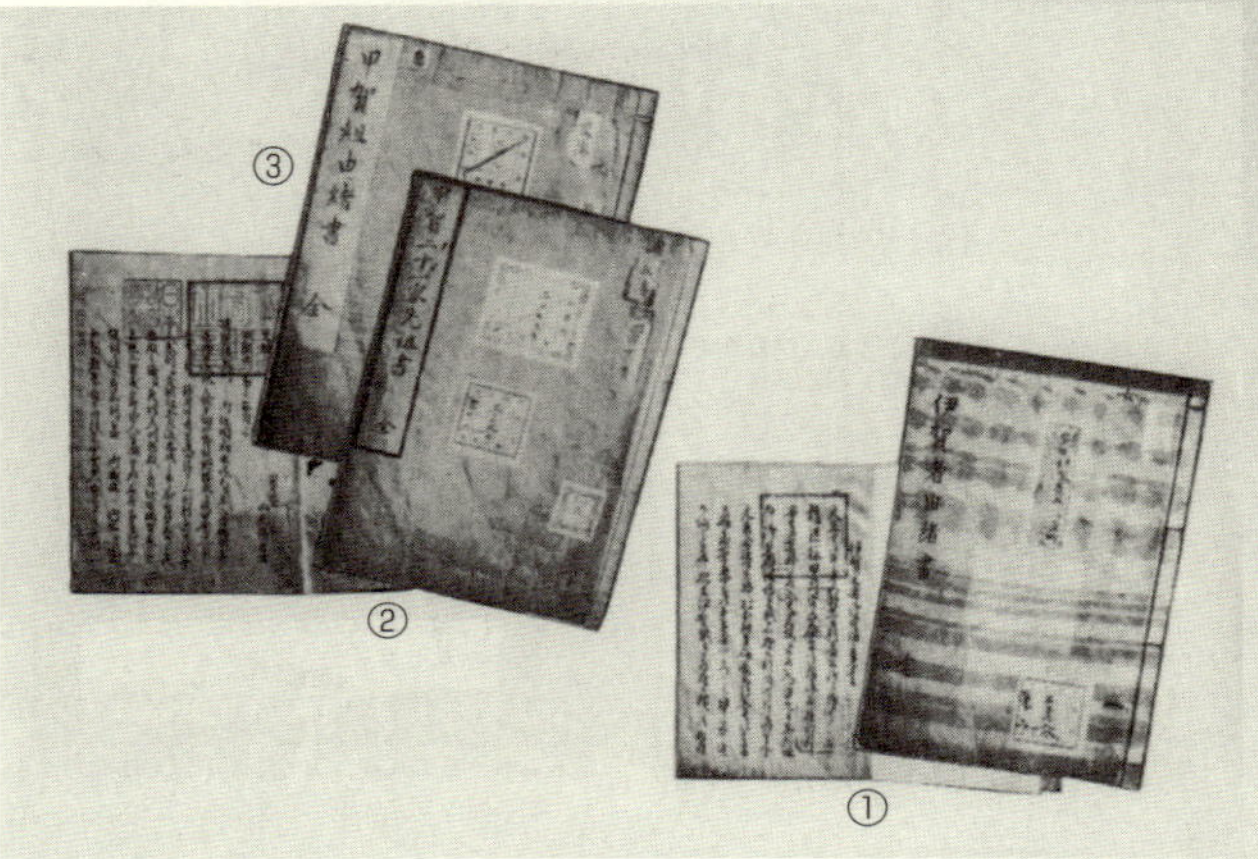

【由緒書】
①伊賀者由緒書　（表紙、見開き）
②甲賀二十一家先祖書（表紙、見開き）　③甲賀組由緒書

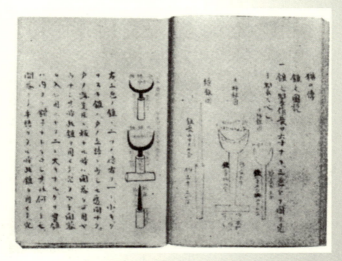

【万川集海：忍具篇中の「錐の図」】
忍術や忍具と同様に「道徳観」も書かれている。

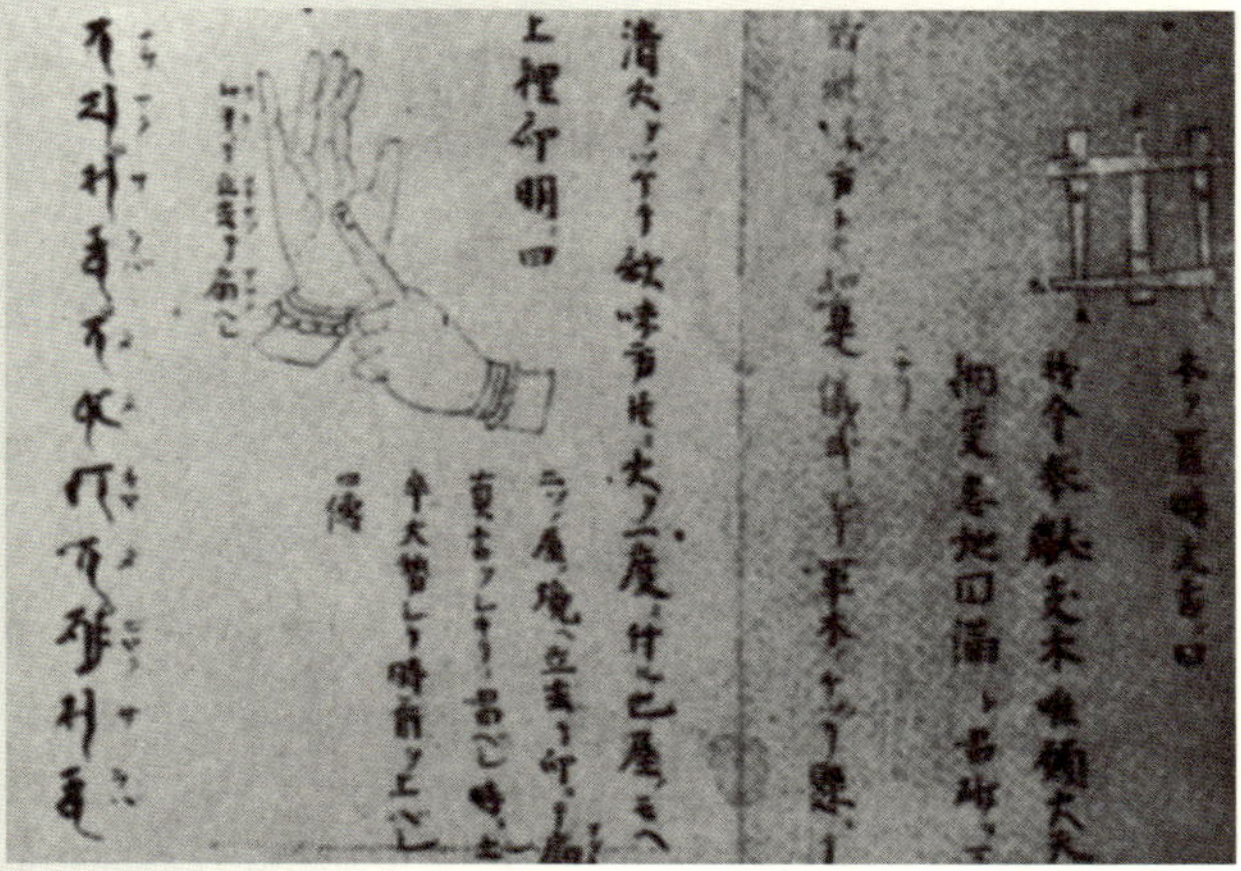

【忍術古伝書にみる呪文】
印と呪文を解説する頁。

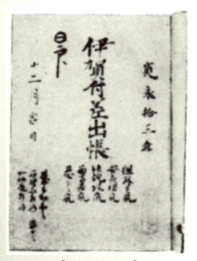

【伊賀付差出帳】
藤堂高虎に依り、それぞれの特技をもって五班に編成された中の「忍び衆」に属する者の名簿。

【万川集海】

数少ない忍術古伝書の中で、最も重要なものである。
忍者の家には必ず秘蔵され代々書き写して子孫に伝えたという。

全二十二巻に及ぶもので『万川集海』とは、

「総ての川が海に注ぐ如く忍術はあらゆる兵法武術などの粋が集大成されたもの」。

このような意味が含まれている。

第七編　忍術と呪術

第一章　呪術混合

結　印

「印を結んでパッと姿を消す」これが忍術の特芸のように一般の認識を受けているけれども、古典忍学にあっては殆んど問題にされない。もともと忍術の正統は、合理的・科学的な兵法であり、それから導き出された兵術であるから、こんな迷信や呪術が食いこむ素地はなかったのである。そういうわけで、忍学の諸流派を集録した『万川集海』二十二巻にも結印の術は説かれていない。たった一つ隠形《おんぎょう》の術——身をかくしたとみせかける術の術例の中に、結印の法に触れている。すなわち同書によると、「観音かくれ」の擬体術のあとに隠形の大事として呪文をかかげ、梵字十語にふりがなをつけて、

「オンアニチマリシエイソワカ」　＊口伝

とあって、要するに心気を落ちつける精神統一の一法として紹介しているだけである。

つまり鎮魂術である。忍術は徳川中期以後衰退時代にはいって、副次的に、呪術的な要素が多分に加味されてくる。それは忍術の神様——飯鋼権現の忍伝の篇で説明した通りであるが、山岳信仰の九字結印の法と結びつくと、とんでもない魔法のようなまた妖術のような様相を呈する。

講談・軍談にあらわれる忍話猿飛佐助や、歌舞伎の忍劇仁木弾正が何よりも雄弁に語っていて、中年の人々の童心に焼きつけられたイメージである。

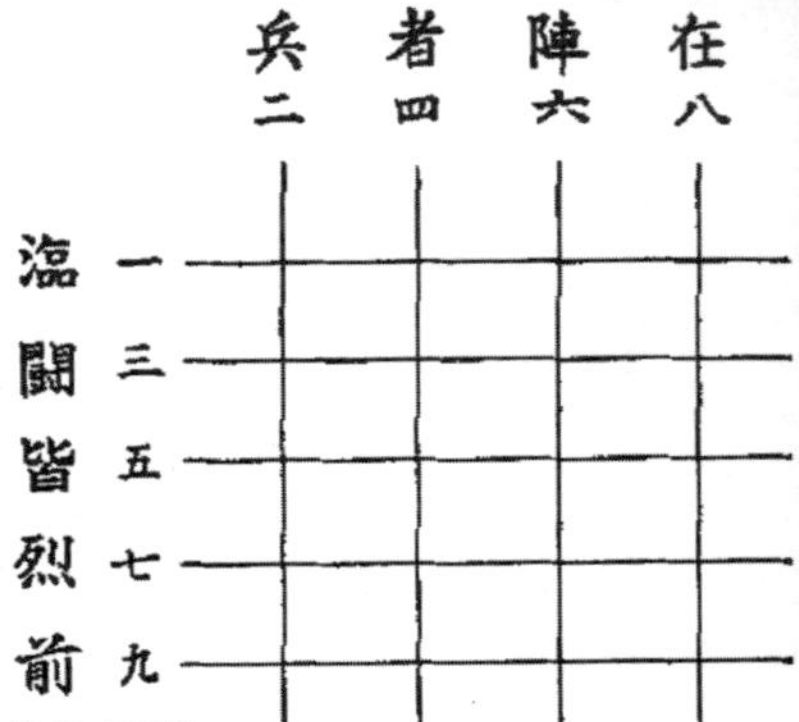

【図】「結印」

結印（上【図】参照）というのは、真信の僧侶や山伏たちによって行われた九字結印の法であって、臨・兵・闘・者・皆・陣・烈・在・前の九字を呪文として唱え、九つの種類の印相《しるし》を両手と十指を使って表現するのである。指をもって図のように横に五回、縦に四回、合計九回ほど空を切って、「臨」以下「在」までの呪文を唱えるのである。

伊賀・甲賀の両地方に伝わる忍術の古伝書といわれるものの中には、（第十編「忍術に関する文献」参照）結印法が、見事に体系化され、さまざまの伝授法が残されて興味がある。忍術が信仰思想と結びついて摩可不思議な、そして超人的なはたらきを術法とするように転進したのは、徳川三百年の太平を舞台として忍技・忍芸が大凡無用の長物となったことと、江戸幕府が任用した甲賀・伊賀の両組が江戸城守護の機能を失うとともに、穏密政策に転用されたことに基因するといってもさしつかえない。忍学者が邪道とし外道として最も忌避した妖術・呪術に堕落し、いたずらに神秘のヴェールをかぶった魔術・幻術のよそおいをこらすのは、徳川中期以後にますますその傾向を助長した。

一例を歌舞伎にとろう。伊達騒動に取材した先代萩が、江戸市村座で上演されたのは、正徳三（一七一三）年の正月で、百二十日連続興行の大当りであった。この演劇はその筋書きがいろいろな変遷をへて、九代目市川団十郎によって決定版となって現在に及んでいるが「政岡の飯炊の場」から「床下の場」に忍術劇が現われる。忍術使いの仁木弾正が鼠にばけて、政岡がもっていた連判状を盗んで逃げようとするとき荒獅子男之助に発見されて眉間《みけん》を割られ、縫いぐるみ（人がはいっている）の大鼠が、巻物をくわえて花道の切穴《スッポン》へ飛びこむ。すると隣りの切穴から、連判状を口にくわえ眉間に疵を負うた仁木弾正が印を結んで、セリあがってくるのである。結印も歌舞伎の忍術になると、トンでもないところへ飛躍する。弾正の「結印」は歌舞伎秘伝となっているというが、弾正が印を結んだり解いたりするときには、空中に鼠の形を描くのである。こうなると、その本義から逸脱して滑稽味すら感ずるのである。

とはいうものの、これは前述のように縦に四回、横に五回直線をもって空間を切るという味気ない機械的な所作から、一歩を踏みこんだ「演技」の成熟であって、俳優が演出に対するところの真剣な独創と工夫とに、むしろ頭がさがる思いがするのである。忍術劇における技法の芸術化が、高く評価さるべきであろう。

忍術の神さま—飯綱権現—

忍術もだんだん後世になると、呪術の要素が濃厚となるが、ここに取りあげる『飯綱《いづな》の術』は、呪術的な性格を最もよく現わしているといってさしつかえあるまい。『大原忍術文書』(滋賀県甲賀町)に軸物一巻がある。寛政年間前後に活躍した甲賀忍学者の大原数馬(名は景直照映と号する)の自筆であって「甲陽軍鑑的流」と題している。その中に飯綱の秘伝があって、これがおもしろい。

夫婦二頭の鹿をつかまえてきて、生きたまま皮をはいで、陰干にしてなめす。別にまわり一尺くらいの石亀を一匹捕えて清水を張ったタライに放ち、サカキをめぐらして三日の間毎日三回酒を少しずつ飲ませる。そしてこれも生きたまま庖丁を入れて、甲羅をはぐのであるが、この時、亀に申しわたす口上は、

決して悪事を行うために、あなたの甲羅をはぐのではありません。人のため世のため、正しい社会建

設のためでありますから、どうぞお許しください。

という意味の誓約をして、甲羅をはぎとって、その肉と臓物その他の残物は、浄地《じょうち》を卜《うら》して埋め、祠を営んで祭り、飯綱権現としていつきまつるのである。イヅナというのは少彦名命《すくなひこなのみこと》の別身で命（いのち）の綱の意味であるという。さてその甲羅は黒焼の粉末とする。さきの夫婦の鹿皮は、男鹿は長さ二尺八寸巾三寸、女鹿は長さ二尺六寸巾三寸の大きさに切って、甲羅の黒焼と餅米の糊をよくこねまぜて、皮の裏に塗りつけ、夫婦二枚の皮を貼りつけて一枚とするのである。陰陽一体の鹿皮と万年の亀瑞を象徴した一物を飯綱権現の神前に供えて、女の節句である雛祭の三月三日から男の端午の節句である五月五日まで六十二日間、心をこめて祈願する。

祓いの言葉は次の通りである。

高天原に神とどまります神のまなこのイヅナきとめて、祓いたまへ浄めたもう

と念じて・神明の加護によって、忍の秘術を授けたまえと、ひたすらに乞う願うのである。満願ののち、忍者はうやうやしくこの護符をいただいて肌身離さず所持するのである。これが『飯綱の秘伝』であるが、次に同じ巻物の狐狸《こしょう》の伝を見るとその応用が教えられている。この護符を円形に結んで、赤飯と油揚げを供えて、深谷に入って狐群を誘うて手なずけると、三夜の後からは自由自在に狐を使うことができるというのである。

この巻物の奥書には、

右伝来の通り書きおくものなり。子孫たりとも一子の外、相伝いたすまじく、君のため天下のためよ

り外、堅く此の法を行うべからざるものなり。　※現代文に書き直した。

とある。一子の外は、相伝を許さずは別に異とするに足りないが、天下国家のためより外には、この術法は厳禁するというあたり、いうまでもなく正心を貫く忍道の精神は消えていない。

第二章　魔術と人相

護符

護符はもともと真言の梵字を紙片などに書いて所持すれば神仏の加護をうけて一切の災禍を免れる迷信的なものである。忍術に利用されたものに、次の数種がある。（上【図】参照）

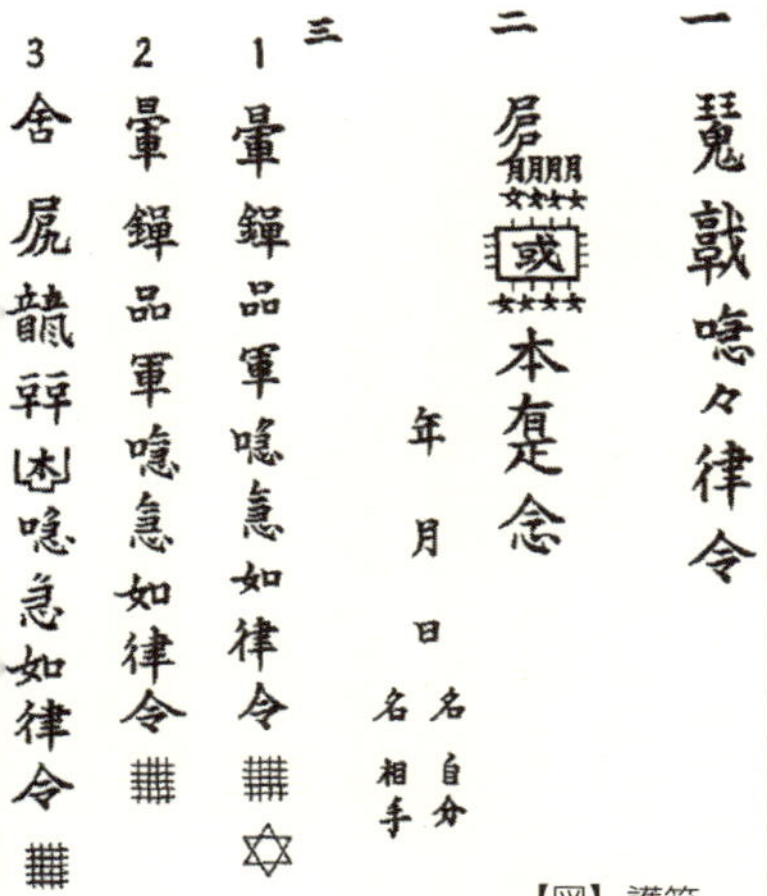

【図】護符

「一」文字を七寸四方に切った厚紙に書いて、水垢離をとって身心を清め、深夜に部屋のたつみ（巽—東南）の隅に貼りつけて祈りをささげる。この護符を昼夜身につけておくと、あらゆる人災を防ぐ効能があるというのである。

「二」の文字をしたためて、自分の名と相手の名が重なるように折りたたんで懐中に入れるのである。どれほどいがみ合っている間柄でも、この功徳によって、相手は道で会ってもにこやかに挨拶する。また夫婦の不和も、たち間を割《さ》かうと思えば、両人の名を書いて重ならないようにたたんで懐中すると効果てきめんであるという。戦時の際は、敵の将臣の間を割く離間の策として用いたという。

「三」は傷よけの護符であって（1）（2）（3）の三つの書体があるが、その使いわけと効用は明らかでない。この護符は、自分の血をとって朱とまぜあわせて、朱地の錦にこの文字を書いて胸のところに着けるのである。しかしながら自分の身が常に清浄潔白であって、少しでもケガレがあると効験がないとのことである。

忍学では、このような護符については、「神巫《みこ》山伏の呪術」に過ぎないのであって、必ずしも信ずべきではないが、あながち迷信として排斥すべきもので もなく、用い方によっては自信を決死の心にまでかりたてる心理作用を起すこともあるので、宜に従って用いるがよいといっている。

『正忍記』に、

　武士の札《さね》（武具の材料）よきものの具（武具）を好むも、全く矢をのがれんばかりにあらず、討ち死を速かにとげんが為めというなり

とさとしているのは味わうべきである。

人相

忍者の現象に対する観察はすごく鋭どい。ここでは、忍者の眼光に映する人間像——忍学の教える人相書について述べよう。まず顔つき、いいかえると面相を判断するのに、顔を三つの部分にわける。すなわち、

顔
- 上停—頭髪の生えぎわから眉毛まで
- 中停—眉毛から鼻サキまで
- 下停—鼻サキからおとがいまで

この三停（定の意）がほどよくつり合っているのを栄相とする。三停（定）調和を吉相としているのである。これは顔つきだけでなく、からだつきについても同断であって、身体にも三停があるという。すなわち、

身体
- 上停—頭
- 中停—肩から腰まで
- 下停—腰から足まで

この三停もつり合いが大切であって、その調和を吉相の要件とするのである。この調和が破れると、大変なことになる。顔の三停について一例を示すと、上停の長過ぎる人は老後には幸福が訪れ、中停の長いのは国王の尊にのぼり、下停の長い者は下賤の貧相であると判定する。次に上体の重要な部分として、頭・眉・眼・耳・口・歯・舌・手などに分類して、忍者の人間観をみることにしよう。

〔Ⅰ〕頭

▽額の両方にとがり角《つの》があって、角のように耳のうしろに骨があるのは寿骨といって長命である。
▽頭が丸くて、たけ短いのは、福裕で高位にのぼる。
▽髪が白くて、後に黒くなるのは大吉である。
▽頭が丸くつやがあるのは吉である。
▽髪の毛が細くして、黒いのは官に進んで栄花を開く。
▽同じく太くして長いのは貧相である。
▽うなじが突きこんでいるのは貧相である。
▽ツジ（ツムジ）がうなじへさがっているのは疑い深い。

〔Ⅱ〕眉

▽細く平らかで潤おいがあるのがよい。
▽引くように長いのは智がある。
▽眉の中にホクロがあるのは、智があって賢く高貴となる。
▽眉が高くヒタイの中にあるのは位が高い。
▽眉の中に白髪があるのは長命である。
▽眉毛が上に立っているのは富貴である。
▽眉毛に潤おいがあるのは聡明である。
▽眉が長くて眼よりも後に余るのは、正直忠節である。
▽眉が一文字のような形は主君に忠である。
▽眉がせまっていて、骨が高いのは悪人である。
▽眉毛が薄いのは偽りを言う。
▽さがり眉はグズで性格が弱い。

〔Ⅲ〕眼

▽切れが長くて深く、光り潤っているのは貴人の相である。
▽黒くウルシのように潤っているのは才学がある。
▽細くて深いのは長命である。
▽両眼の下にアザがあるのは、衣食豊かである。
▽眼の下に一文字があるのは国王の相である。
▽三角の形は悪相。
▽目じりがさがっているのは夫婦離別の相である。
▽伏し目がちは不忠であり、盗人の相である。

〔Ⅳ〕鼻

▽鼻頭が仰がないで、外にあらわれたのは、富貴長寿の相である。
▽長くしてしまりがなく（なだらかで）、深くまっすぐに通り、外に広く垂れているのは、吉相である。
▽上がせまくて、下が広いのは子孫が多い。
▽まっすぐなのは忠義である。
▽割竹のようなのは、位が高く富貴である。
▽上にホクロがあれば、男子出生、下にあれば女子を生む。両わきにあると二子を生む。
▽横に筋があると子がない。
▽平らかでしまりがないのは、終身子がない。
▽とがりが少ないのは偽りをいう。横にシワがあると、馬車の災害がある。

▽鼻の先がとんがって嘴《くちばし》のようなのは人を倒す。
▽骨があらわれているのは、他国で死ぬ。
▽穴があいたのは一夜の糧もなし

〈V〉耳

▽耳は堅くして長くそば立ったのがよろしい。特に輪角に欠けたところがなく、垂珠（下の垂れたはし）が口の方へ向っているのは、財多くして長命である。
▽ホクロがあると、聡明であって、貴人の子を生む相である。
▽耳門（耳の根のまわり）が広いのは、智恵分別があって、輪角・垂珠が厚く長いのは、仁義忠節の心があって、学を積むと天下に名をあげる。
▽よごれて荒々しいのは、愚であって貧しい。
▽鼠の耳のように目よりも高くついているのは貧である。
▽そり反って輪のないのは孤児となる。
▽耳が小さくて口が大きい人は偽りをいう。

〈VI〉口

▽方潤微稜（四方から見て広く少しかどがある）は、貴人の相で長命である。
▽張り弓をあおむけた形で赤いのは、貴い官位にのぼる。
▽横に広く唇の上下とも赤いのは、福分よろしく、衣食に不自由しない。
▽「四」の文字のような格好であれば、大金持ちとなる。
▽唇が厚くて舌が小さいのは福分がある。舌が厚く声の清らかな人は上品である。
▽唇の上下が厚いのは、忠節である。
▽とがり返っているのは、下賤の相である。
▽もの言わぬのに、口が動くのは、飢え死する。
▽鼠の口のようにとがったのは、人をそしる口であり、ねたむ口である。
▽火を吹くようなとんがり口は貧である。
▽犬のように縦の筋が通った口は飢え死する。

〈VI〉歯

▽長くしてつまがあり、よくつまっているのがよい。
▽外から見えない歯は富貴の相である。
▽歯の数が三十八は王侯、三十七は公卿、三十四は智恵があり、三十二は富裕、三十は普通なみで、二十八は下賤である。
（筆者註：人間成人の歯は、門歯八・犬歯四・大臼歯十二・小臼歯八の三十二枚で、この説は成り立たない）。
▽ザクロのような歯は福禄である。
▽さきが尖ったのは位が高い。
▽米粒に似ているのは長命である。
▽舌と唇がまっ赤であって歯が白いのは学者の相である。
▽たたみ重なり合っているのは心（根性）が悪い。
▽出入りが多くて、そろわないのは、偽りをいう。

〔Ⅶ〕舌

▽正しく長いのがよろしい。
▽舌を出して鼻につくのは、位が王侯にのぼる。
▽こわくして平らなるのは貴人、また赤くして朱のようなのも貴人の相である。
▽狭くして長いのは、偽りをいう。
▽とがって小さいのは貧欲。
▽色が変るのは、悪相である。

〔Ⅷ〕手

▽細くて長いのは、慈悲心があって物おしみをしない。
▽手が下にたれて膝を越すのは、聖賢の相である。
▽からだが小さくて、割合に大きいのは福裕である。
▽手がぶ厚いのも富貴である。
▽指が細くて長いのは智恵がある。
▽手のひらが長くて厚いのは貴人の相である。
▽四方がうず高くて、中が凹んでいるのは、富貴である。
▽手の肉が赤いのは、栄え花開く相である。
▽手の内にホクロがあるのも富貴である。
▽手の内に紋(指紋)の模様が多いのは宰相のうつわである。
▽縦にまっすぐ筋があるのはよろしい。そして指を貫いておれば、本望をとげる相である。
▽紋がこまやかで、乱糸のようなのは聡明で才智がある。
▽十指の上にツジ（ツムジ）があって蝿の頭のようになっているのは、栄花の貴人である。
▽爪は厚いほどよろしい。つやつやと潤っているのは、身体が豊かで健康である。
▽手が短くて厚いのは下賤で欲がふかい。
▽手をたれて腰に及ばないのは、一生うだつがあがらない。
▽からだの割合に手の短かいのは、貧性ではあるが無欲であって楽しみを知る。
▽手の内ににおいがあって汗ばむのは、貧賤の相である。

〔Ⅹ〕ホクロ

▽目だったところにあるのは、必ずしもよいとはいえない。かくれたところにあるのが良い。
▽印堂《いんとう》（咽頭）にあるのは、貴人で才智がある。
▽左廂(左のこめかみ）にあるのは、高位にのぼる。ただし両親に早く別れる。
▽股にあるものは、高位の者にかしずく。
▽左のワキにあるものは、官禄すすんで富裕である。
▽ヘソの下にあるのは、智慮があって、富裕である。
○ホクロの色
▽赤黒その他の色が混合しているのは、悪相である。
▽左の脇腹にあると、水に溺れる。
▽耳の左右にあると、不慮の事故にあう。

以上は「正忍記」巻の中の人相判別法によってその大略を述べたのである。

しかしながら同書に、「凡そ人相を見る事のならい、其のこまごましき事は此の如しということなし。是は其の大概を記す。如何となれば、古えより人相は必ず見はずし、あたらざるものなり。たとえば大嫌う相ありといえども、又大吉の相なる所あるときは、相兼ねてくるしからず。善悪引き合うて占うなれば、こまかなるを能く覚えて見るべしとなり。先ずあたらざるものなれども、是類まで心を尽す時は、必ず其の人の志をはかるとなり。然れども人相を見るとて、人を顔を目をはなたず詠《よ》むは、ぶしつけの至り、よろしからざるなり」といって、人相というものは、必ずしもあたるものではなくて、古来その的中は保証されていない。人間の形態は複雑微妙であって、一方に悪相があっても、他方に吉相があり、差し引き勘定すると、おいそれと一方に断定できない場合が多々あるからである。しかしながら相手を見るときに、ここまで注意を怠らなければ、意外の成果をあげるものである。だからといって、相手の顔をしげしげと見あげ見おろし、さも意味あり気に見つめるのは、無礼至極とたしなめているのは、もっともなしだいであろう。

猿飛佐助

巻物を口にくわえて目をつぶり、あやしげな呪文を唱えながら指をもって九字を切り印を結んでカッと見開くと、不思議やモクモクと白雲が巻きあがってからだを包み、「アレヨ、アレヨ」というちに姿が消える猿飛佐助とは、どんな人物であろうか。説話の組みたてを説明しよう。戦国時代の上杉謙信を主筋とする信州の郷士鷲津左太夫に二人の子があって、姉を小照、弟を佐助といった。

佐助は信州鳥居峠の山中において、三年間戸沢白雲斎について忍術の荒修業をして、その奥義を極めて、十三

上杉謙信……森備前守——鷲津左太夫┬小照
　　　　　　　　　　　　　　　　└佐助

骨の銀の象嵌《ぞうがん》をちりばめた鉄扇と巻物一巻を授《さず》けられたが、佐助十五才の時であった。その後上田の城主真田幸村が山狩りに来た時、樹から枝へマシラのような怪技を演じて、真田十勇士の一に加えられ、幸村から忍技を賞して猿飛の姓を授けられて、鷲津を改め猿飛佐助幸吉と名乗った。豊臣方であった真田家の密使として徳川方諸大名の動静を探るため諸国漫遊の旅に出て、勧善懲悪のため千変万化の忍芸を演出するのであるが、京都南禅寺における怪盗石川五右衛門との忍術くらべは、おもしろい。

石川や浜のまさごはつくるとも
　世にぬすびとの種子はつきまじ

と豪語する五右衛門は、伊賀忍の大家百地三太夫に師事した自他ともに許す、伊賀流忍術の第一人者である。五右衛門はまず鼠に化けた。すると佐助は猫に変った。「負けた！」と思った五右衛門は火を出して佐助に迫ったが、佐助は水を出してその火を消しとめた。すると五右衛門は火の玉となって空中を飛んだが、佐助はこれを見破って、その眉間を鉄扇で打って勝ち、五右衛門は佐助の弟分となるというのが、話の筋書である。

また伊賀流忍者で、葦名家の家来と名乗る霧隠才蔵とも忍技を競って、腕くらべをしたが、佐助はこれにも勝って、才蔵の配下である雲風軍東次・怪雲吉次・竜巻天六らが、佐助の手足となった。中国では、岡山の城主宇喜多秀家や毛利輝元の城下をまわって、徳川に媚を売る大名をこらしめて大いにアバレるのであるが、ことに九州小倉では細川忠興の招きによって、忍術をもって千石を授けられた山本九兵衛との大試合は圧巻であろう。

九兵衛は火術を使った。スックと立ちあがると、四方から火が燃えだした。佐助の方へ燃えひろがってゆく。佐助が「ヤッ！」というとゴーゴーという音がして、どこからともなく滝のように水が流れ出て、座敷中が水びたしになり、今までエンエンと燃えた火が消えて、椽側《えんがわ》のところに九字を切っている九兵衛の姿が現われた。九兵衛は術が破れたから、佐助を目がけて「エイ！」と手裏剣を飛ばす。パッと佐助の姿が消えると、飛んできた手裏剣が宙にとまる。と見ると佐助がその手裏剣を握っている。佐助が「エイ！」と手裏剣を投げ返すと、九兵衛の姿がパッと消える。庭の木の梢で「しまった！」という声とともに松の木に登っている九兵衛が、袖を松の木に縫いつけられて、姿を現わした。九兵衛は手早く袖の手裏剣を抜いて、松の木からパッと飛びおりると、庭にあった大石を目よりも高くさしあげたが、やがて泉水の中にドブンと音がしたかと思うと、佐助が「エイ！」と声をかけると、泉水からその石が飛びあがって、元の場所に落ちた。そのあとで、九兵衛はその石を持たされたまま、土中にメリこんで、負けとなるのである。

忍劇の大詰の立廻りは「エイ！」「パッ！」のかけ声を合図として、印を結び、『火遁《かとん》・水遁《すいとん》の術』から始まって手裏剣の投げ合い、力くらべという筋が、忍術試合の定型であって、どの忍術講談でも甲乙はない。戦国から豊臣・徳川の興亡を背景として風の如く現われ、煙の如く消える忍者 の物語りは実に興味津々、大正中期の青少年を魅了したのである。いうまでもなく、猿飛佐助などという人物は全く講談師の張り扇の間からたたき出された架空の戦記物であって、実在の人物ではない。もしも実在の忍者の中から、しいてその名の似通うた人物を求めるとすれば、伊賀十一忍者に数えられ跳躍・飛躍の体術を特技とした下柘植《しもつげ》の大猿（又は木猿）・小猿をあげることができよう。（第四編第一章「立川文庫と忍術」参照）

本篇の筋書きは、神田伯麟講談の天下無双忍術猿飛佐助（大正九年博文館発行）によることを断わっておく。

第八編　忍　話　抄

刀抜き取りの話

　むかし伊賀の国に、山田の八右衛門という有名な忍術使いがいた。ある日友人の侍に君の帯刀を、真っ昼間に、しかもいつ何日と決めた日に、抜き取って見せるといった。友人は大変怒って、そんなバカなことがあるか、取れるものなら取ってみよ、命にかけても渡さぬと答えた。そこで二人の間に、伊賀一の宮（現伊賀上野市敢国神社）の祭礼の日中に抜き取るということに話が決まった。友人は武士の面目にかけてもと、その日を待った。やがて祭礼の当日となって、八右衛門は蓑笠を着用し、その侍の先に立って歩いた。

　八右衛門は、あたりかまわず、ずんずん進んで、とある田舎道の一軒家に駈けこんだ。すると間もなく裏口から出て、一キロばかり離れた小山に登ったと見ると、悠々と岩に腰かけていた。侍はその姿を眺めながら麓で待っていたが、いっこうに降りてくるようすがないので、しびれを切らしている時、通り合わせた友人に厳重な見張りを頼んで、一の宮の祭礼に出かけた。行きかう人波にもまれながら、しかし腰に差した刀をしっかと握って拝殿に進み、鰐口の鈴を鳴らし、柏手を打ってうやうやしく礼拝した。その帰り道でばったり、忍術使の八右衛門に出会ったが、その時、「刀はどうした?」といわれて、ハッと気がつくと、帯刀の中味が抜き取られて、鞘だけしっかりと握りしめていた。

　さて、この忍術使はどうしてこの刀を抜きとったのだろうか。

　この謎は、次の三つのヒントで解いてみよう。

○第一ヒント

田舎の一軒家に駈けこんだとき、裏口から出たのは同じ扮装をした別の忍者である。こんな忍技を二人忍術、または双忍という。

○第二ヒント

忍術使はそれから、老婆に化けて厳寒をさいわい綿帽子をかぶって顔をかくして、侍より一足先に、拝殿の賽銭箱の後ろにしゃがんでいた。

○第三ヒント

神前の混み合いは大変であった。鰐口を鳴らす場所は押し合いへし合いの雑踏であった。

侍が人波を押し分けて鰐口を鳴らすとき、賽銭箱のうしろから忍者は手を伸ばして難なく刀を抜きとってしまったのである。

これは『万川集海』記された有名な史話である。

大塔宮と大般若経

次にかかげるのは、後醍醐天皇の第一皇子であって、智勇ならびなく比叡山延暦寺の座主となった護良親王（法号を尊雲といって、大塔に住われたので大塔ノ宮といった）が、吉野朝時代悲劇の皇子として、奈良において危難を脱した史談をおもしろく忍話にしくんだものである。

大塔ノ宮尊雲親王が奈良の般若寺にかくれた時に、一乗院の僧であった按察《あぜち》法眼好専がどうして察知したのか、五百騎を率いて夜明けに般若寺を襲った。折から宮はつき添うものもなく唯一人であったので防ぐ手段もなく、またすき間なく攻めたてられたので紛れて脱出する暇もなく、絶対絶命、今はこれまでと自害しようと決意した。しかし腹を切るのは、いと易いことではあるが、一旦はかくれてみようと思いなおして、仏殿の方を見やると、大般若経の経櫃《びつ》が三つあって、そのうち二つは蓋をしめてあり、一つは経文を取り出して、あけたままであった。ここぞとばかりその中に身を縮めて入り、上から経文をかぶせて念仏を心に唱えて（忍術では『隠形の呪《まじない》』という）いた。もしも発見されたならば、下から突きさしてやろうと、氷のような刀を腹にあててじつと息をこらしていた。

敵兵はなだれのように仏殿に乱入して、仏壇の下から天井の上まで、くまなく捜査したが、行方はかいもく知れず、そこで、「これがくさいぞ」といって、蓋をしてある二つの経櫃をあけて経文を取り出してあらためたが、目指す宮はなく、敵兵は残念そうに引きあげた。

宮は経櫃の中にかくれて、夢に道行く心地しながら、ようやく、ほっと一息ついて出たが、なお思案してひょっとすると、また引き返して再捜査するかも知れぬと考えて、敵兵が開いていた経櫃に入り替えた。案のじょう敵兵がもどって来て、

「これが怪しい！」

と未検査の櫃の経文を全部取り出してみたが、宮の姿はなかった。そこで一同は、

「宮は、おわせず、大唐の玄貼大三蔵こそおわしけれ」と。

すなわち、宮はご不在で、大般若経だけがご在中だとうち笑って立ち去ったのである。

【註】大般若経六百巻は各巻ごとに「三蔵法師玄奘　奉詔訳」と記している。これは唐の玄奘大三蔵が皇帝の命によって漢訳した仏教の経文だからである。こういうわけで「大唐の玄奘大三蔵こそおわしけれ」と洒落たのである。いま水口町（滋賀県甲賀郡）にある小堀遠州（伝）の庭園をもって著名な大池寺に所蔵する大般若経の中に尊雲親王の名があり、ことに同経の二百二十巻に父のみかど後醍醐天皇宸筆の補写まであるのは、何かしらこの物語りにただならぬ法縁の結びをさえ感じさせられる。

自学自習の巻

忍学では、その学習方法として、自学自習をも重んじた。なにぶんにも相手のあることだし、忍技も理論通りにはいかない。変に応じ、機に臨んでいわゆる縦横の機智を働かすことが肝要であった。たとえば、水泳術を教えるとき、いきなり川に投げこんで泳法を自得させるのと同じである。こんな話がある。

昔に、そうとうに名を知られた忍者がいた。

その息子に忍びの術を教えてくれとせがまれて、「よし教えてやろう」といって、ある大家のやしきに忍び入って、その息子を土蔵の長持に入れ、錠をかけて、「ドロボウ!ドロボウ!」と連呼して逃げ帰った。

驚いたのは息子である。泣くに泣かれず、呼ぶに呼ばれず、親の無残な仕打をうらんだ。家人たちはびっくりして土蔵にかけつけて様子を探った。しかし怪し気なけはいもない。長持に封じこまれた息子は進退きわまって、思案のあげく、家人が引きあげようとするとき、長持の底板を爪でガリガリかいた。異様な物音にびっくりした家人は、一たんは鼠かと思っていたが、いつまでもやまないし、物音の所在が長持であるのをつきとめて、錠前をこじあけて蓋をあけた。

その機をねらっていた息子は脱兎のように跳びあがって逃げた。ソレッ曲者！と家人が総がかりで追いかけたので息子はまた逃げ場を失って、右往左往して井戸端にたどりついた。

ここでとっさに一計を案じて、一かかえもあろうという石を見つけ出して、井戸の中を目がけてドプーンと投げこんだ。

家人は井戸に飛びこんだものと思いこみ、井戸を囲んで「縄よ」「はしごよ」と騒ぎたてた。この隙に乗じて、息子は難なく危機を脱して、自宅に逃げ帰った。

「父上はひどい！」とオロオロ声で泣きわめいた。

忍者は落着き払って、「どうして帰って来たのか」と訊ねると、息子は泣きじゃくりながら、かくかくの通りです、と答えると、「でかした。それが忍術の入門だぞ。わかったか」といった。

忍史学では、井戸投石を『夜半の嵐の術』という。古井戸の上の「かぼちゃ棚」に垂れさがっていた大きなかぼちゃが、夜半の嵐につるを切られて、井戸に落ちて、「ドブーン」と時ならぬ音を立てたので、驚いた家人が「それ身投げだ」と騒いだことから着想した忍の一技法である。息子はこの術法を学ばずして自得したのである。

ものまねの術

むかし伊賀の国に、ある忍術使いがいた。遺恨を晴らそうと、ある家に忍びこもうと計画したけれども、その家の主人はそれと察してか、警戒怠りなく、寝ずの番人をおいて奥の部屋に寝ているので、どうしても忍び入ることができない。深夜の「うし」の刻限となって、さすがの番人も寝むけをもよおしたと見え、灯火も消えしんしんと静まり返ってきたので、頃あいを見はからっていた忍者は戸を開こうとしたが、錠前と差し金が固くしまっていてどうしてもあかない。敷居の下の土をクナイ（忍具）で掘って穴をあけ、その穴から頭を出して家の内をうかがうとき、番人はもう眼を覚ましたとみえ、大きな吐息と、骨フシの鳴る音や、床がミシミシと響いたので、じっと息をこらして「寒夜に霜を聞くように――（原文）」耳をすましていると、番人が近づいて来るような様子を感じた。忍者は穴から頭をひっこめた。番人はその穴を見つけて、忍者が穴から頭を出すのを待ちかまえて、一刀のもとに突きさそうと身がまえた。忍者はその時、もの真似の術を演じた。とっさに『こわいろ』を使って、「どうやら番人が目を覚ましたらしいぞ。こんなところからは、はいれない。裏の物置の方から入ろうか」とつぶやいた。また別人（第二人目）の『こわいろ』を使って、「それがよかろう。それでは裏から、入ろうか」と。

また別の（第三人目）『こわいろ』を使って、「いやいや、あいつはもうはいったらしいぞ」とも。

忍びのグループ行動のようによそおった。そこで番人はあわてて、奥にかけこみ、主人をゆり起して、「敵は大勢らしいです。奥におびきこんで、からめとりましよう」と報告した。十数名の従者が、奥の入口に集まっている様子を穴から見てとった忍者は、敷居の下の穴からスルスルと抜け入って、主人の寝所に踏みこんだ、主人は灯火をとぼして、身仕度を整えていたので、また『こわいろ』を使って、「急いでお出まし下さい」と通りすがりに告げたので、主人は味方の者と思いこんで行き過ぎようとするところを、後ろから突き殺して、火をふっと消して逃走した。この物音に驚いた一同は、「それッ！　ろうぜき者！」と上を下への大騒ぎとなり、家内の者はいうに及ばず、隣家の者までとび出して追跡した。忍者は近所の竹林に、しかけておいた百雷銃《ひゃくらいづつ》（爆音を連続的に爆発させるしかけ）を轟かした。追手の者は大勢の鉄砲隊が伏せていると思って、まごまご、尻ごみしているうちに、悠々と脱出したのである。

【註】この一斉射撃の威嚇は、忍法で百雷銃の術という。

かくれみの

『かくれみの』という特別の忍び道具があるわけではない。「みの」は藁でつくった雨具で、いまも農家では雨中の作業合羽として用いている。山田の中の一本足の案山子は、天気の良いのに「みのかさ」をつけている。忍学で『かくれみの』というのは、身をかくすみのから転化して、身をかくす忍具そのものをいうのである。工夫によって、姿が人目につかないようにするしかけを発明することである。といっても解りにくいが、次の忍話は、その応用を示した例話である。

まず敵の城中に、忍語でいう「くノ一」即ち女を潜入さして事を運ぶのである。味方の中から、利口な梅（仮名）という女を敵城将の奥方の小間使として忍びこませる。賢いそして小まわりのきく才女であるから、すっかり奥方のお気に入りとなって、「お梅」でなければ、夜も日も明けぬという可愛いがりようである。

ある日、梅はうやうやしく奥方に、「実は実家《さと》の方に長持（木櫃《きびつ》）をおいていますが、この頃は着換えにも不自由しておりますので、ちょっと取りに帰ってもよろしゅうございましょうか？勝手ながらお願い申しあげます」と伺いをたてると、何はさて、目に入れても痛くない「お梅」のことであるから、「それはさぞ不自由であろう。私ともあろうものが、つい気がつかなんで悪るかった。宿さがりをさし許す。早うおもどり」という次第で宿にさがる。そこで朋輩にも愛想よろしく、かねて顔見知りの門番たちにもうちあけて、それぞれの挨拶をして帰る。さて、それから味方の指図に従って、いよいよ一人の忍者が長持の中にかくれることになり、長持を二重底にして、上段には衣類をいっぱい重ね、下段に忍者がひそんで、二人の人夫がかつぎ、梅がそれにつき添って堂々と、門番にはにこやかに会釈して、長持と一緒に忍者を城内に運び入れたのである。

この場合、「かくれみの」の役目を果たしたのは、長持であって、このように思慮綿密な忍計をめぐらして人間をかくす道具を考案するのが、『かくれみのの術』といって、忍学の奥芸とされていたのである。

忍術の三病

忍学に「三病」のいましめがある。すなわち、

一　恐怖
二　敵を軽んず
三　思案過ごす

この三つである。無用な恐怖を第一にいましめている。臆病神がつくと、心臆して意騒がしく、前後を取り乱し、日ごろ習いおぼえて工夫していたこともつい忘れ、手足ふるえて顔色が変わり、言うことも後や先となって、相手に「うさんな奴」と見破られるというのである。また相手を軽んじ、人を馬鹿にすると仕損じが多い。事にあたって余り案じ過ぎると、理外のことまで思いわずらって、疑いないことまで疑って心がきまらず失敗を招き易いのである。それで一旦こうと決めた以上は、「電光の如く入るべし」と説いている。

むかし二人の忍者が、やっと忍びこんだところを、家人に騒がれて、ほうほうのていで逃げ出ゆずしたが、一人はいち早く塀の外に脱出した。逃げおくれた一人は庭の柚子《ゆず》の木に登って葉の茂みにかくれた。家人たちは、庭の内外をくまなく捜査したけれども人影がないので、安心して寝てしまった。脱出した一人の忍者は待てどくらせど、相手が帰って来ないので大変心配して、また引き返えして庭内に忍び入って捜したが見当らない。すると柚子の木の上に物音がしたので、「あそこにかくれているわい」と思って、忍者の含み声で、「早く降りてこい」と告げた。ところが、相手は、柚子のとげがからだに刺さって降りられないという。臆病神にとりつかれたこの忍者は、進退きわまっているのである。

「早く降りよ」と催促しても、「いやじゃ！いやじゃ！」の一点張り。

ごうを煮やした木の下の忍者は、一計を案じて、「泥棒が柚子の木に登っているぞ！」と大音声に呼ばわった。家人たちは、また驚いて起き出した。樹上の忍者は、これまたびっくり仰天して、とげの痛さも忘れて飛び降りてきた。二人は無事、手に手をとって脱出することができたという。

忍歌には、次のようにある。

えたるぞと　思ひ切りつつ忍びなば
　誠なくと（も）勝《かち》（ぞ）あるべし　※（　）内は著者筆

カメ取り物語

昔——三、四百年も前のこと、とある忍術の大先生がいた。大ぜいの弟子たちを養って忍術を教えていたが、ある日——それも真っ昼間に弟子たちに申しつけて、「あの横丁の瀬戸物屋から、大きなカメを盗み取って来い」といいつけた。

弟子たちは、それッ！と一せいに出動して、腕くらべをした。なにしろ白昼の仕事であり、しかも大きなカメで、こんなカサ高のものを取ることは人目につき易くて、どうしても取ることができず、皆この店さきをウロウロするだけで、誰一人として手がけるものもない。一同はうちしおれて首うなだれて、忍師のもとに帰って来た。すると先生は、「ノロマな奴だ！ようしおれの手なみを見せてやろう」といって出て行った。待つほどもなく先生は大きなカメを背負って帰宅したが、こっそり偵察に行った一人の弟子の報告によって、これは先生が買って来たことがわかって、弟子たちは手をたたいて笑った。

その時先生は、おもむろに口を開いて、「だからお前たちは下手と申すのじゃ。お前たちは「カメだ！」「カメだ！」大ガメだとカメそのものに捉われている。わしはあの店に入って、まず小さなカメを十個ばかりこっそり盗みとって、袖に入れておいた。そして主人に、この大きなカメはいくらだと代価をたずねて、実は袖の中の小ガメを皆出して交換してもらったのじゃ」といった。

これを忍学では『忍に色を替ゆる法』といって、いわば二段がまえの方法であり、捨て石を使う秘略である。

忍者彦四郎

佐田の彦四郎といって兄弟三人の忍者がいた。それは佐田彦四郎・甚五郎の二人と末弟で小鼠という異名をとった三人であった。ことに長兄の彦四郎は名人として遠近に知られ、たくさんの門弟を養っていたが、時の人は「狐狸の変化《へんげ》」といって、その忍技に驚かぬものはなかった。

ある時、いろりの中に数十本の薪を切りくべて、たくさんの人々が暖をとっている眼の前で、一本一本と盗みとって、みんななくなるまで誰ひとり気がつかなかったという。

またある時、入江大蔵という侍が、「ごへん（君）は忍びの上手と聞き及んでいるが、今宵それがし（私）の刀を取ってみせるか」といった。彦四郎は、「わけもないこと。取ったらどうする。くれるのか？」というと、「もちろんのこと、進呈するとも」と答えた。

そこで、大蔵は自宅に帰って、戸締りを厳重にし雨戸を閉ざして、蟻がはいりこむ隙もないように手はずをして待っていた。彦四郎は、頃あいをはかって、草木もねむる深夜、ひそかに大蔵の家にまで来たが、警戒厳重でよりつくひまもない。しかしながら、彦四郎には壁破りぐらいは朝飯前の仕事で、難なく壁を切りぬいて忍びこんだ。大蔵は、枕の下に刀を敷いてぐっすり寝こんでいた。彦四郎は、かねて用意の畳紙を懐中から取り出して、水府（水筒）の水を十分にひたしてまるめ、二三滴顔の上にたらした。大蔵はびっくりして目を覚まし、「大雨だ！天井から雨が漏る」と叫んでガバとはね起きた。その時彦四郎は、えたりやおうとその刀を奪って、ありがたくちょうだいしたのである。（『陰徳太平記』）

お伽草子として名高い『猿源氏草紙』にこういう一場面がある。いわし売りの猿源氏がある大名といつわって遊女螢火と一夜の契りを結んだとき、寝言によって、「いわし売り」であることを知った螢火が、驚きと悲しみの余り、泣きくずれて落した涙が、猿源氏の寝顔に降りかかった。びっくりして目をさました猿源氏の第一声は、「やれやれ雨が降る……」であったが、右の忍者彦四郎の忍技例と比較対照するとおもしろい。お伽文学と戦記物を忍史学を通じて眺めると、素材のあつかいに共通点を見出して興趣深いものがある。

飛加藤物語

上杉謙信が、天下無敵を誇った越後の春日山城によって威をふるった頃のことである。常陸の国秋津郡の生れで、飛加藤という名うての忍びの者が城下に来て、さまざまの幻術を使って人々を驚かした。たとえば、大牛一頭を広場に引き出してなみいる見物の目の前で、あっという間に、一飲みに飲みこんだ。見物の男女はきもをつぶして驚いたが、その時、そばの高い松の木に登っていた一人が、「うそじゃ！　うそじゃ！ここから見ると、ただ牛の背中に乗っただけじゃ」とからかった。

そこで飛加藤はむっとして、二葉が出たばかりの草の苗をとって、扇であおぐと、あら不思議、だんだん蔓が伸びて、見る見るうちに花が咲いて夕顔となって実を結んだ。見物が呆気にとられて口あんぐりとしている時、飛加藤は突然小刀を抜き払って、夕顔のヘタを切りはなった。すると、どうだろう！松の木の上で見物していた男は、首を切り落されてどうとばかりに落ちて来た。人々は摩可不思議の術に舌を巻いて驚くとともに、その恐ろしさに身ぶるいして逃げ去った。

やがて、この噂が謙信公の耳にはいって、さっそく召し出され、いよいよその魔術を確かめることになった。テストの課題はなんであろうか？

謙信の重臣に直江山城守という侍がいたが、謙信は、「お前は今夜直江山城の屋敷に行って、帳台にある長刀を取って来い」と命じた。

さあ！直江の家は大変である。家の四方は隙間もないほど番人をおいて、どの部屋もこの部屋も全部蠟燭をあかあかとつけ、男女数十人がまたたきもせずに張り番をした。直江家には村雨という名犬が飼われていて、一晩中やしきを廻っていた。よく吠えよく嚙み、猪を食い殺したこともある猛犬である。

飛加藤は深夜ひそかに直江家のまわりに来たが、持参の焼飯を村雨に与えると、よくなついて喜んでよく食べた。すると間もなく、血へドを吐いて即死した。そこで飛加藤は十八番の飛び術で、壁に乗り、塀を越えてはいりこんだが、番人たちは宵の内にあまり頑張り過ぎてもう半ねむりの状態であった。飛加藤は時こそよけれと帳台にあった長刀を取るとともに、おまけに直江の妻に召しつかわれていた十一歳の童女を背負って帰って来た。謙信は飛加藤の神技にほとほと感心したが、しかし敵を滅ぼすには、まことに重宝であるが、もしに内通するようなことがあったら、これこそ大変だと考えて、直江に命じて殺させようとした。飛加藤もさるもの、この気配を察知して、脱出しようとしたが、警戒厳重で、どうしても逃げられない。

そこで飛加藤は、「さあさあ！皆さん、面白いものをごらんにいれましょう！」といって、錫子一対をとりよせて、前におくと、錫子の口から三寸ぐらいの人形が三十ばかり出そろって、おもしろおかしく踊りはじめた。みんな呆気にとられて見ているすきに、飛加藤はたくみに逃げ去った。

これは後の話であるが、その後、飛加藤は謙信のいくさ相手である武田信玄のところに行って重臣の跡部大炊助に頼みこんだが、信玄は上州箕輪の城主長野家の忍びの者に、秘蔵の『古今和歌集』を盗まれた事件に懲りていたので、こっそり手をまわして殺してしまったということである。

以上は、次の秘宝古和歌集の盗難事件とともに、寛文六（一六六六）年に浅井了意が書いた『御伽婢子《ぼうこ》』という怪談奇話集にしるされた話である。

秘宝古今集の盗難事件

武田信玄は若い頃、今川義元の婿となって水いらずの仲であったが、義元が桶狭間の一戦で不覚にも織田信長に敗れてからは、その跡継ぎになった氏真が暗愚であったのをよいことにして、信玄はどうも馬鹿にして無礼の振舞がおおかった。たとえば今川家の重宝として世に知られた藤原定家卿の自筆『古今和歌集』を借り取りして、いっこうに返す気配もなく、信玄はこれを自分の寝室の床の間において愛玩珍重していた。

ところが、どうしたことであろう。ある夜何者かに盗まれた。信玄の寝室といえば譜代忠節の家人の子か、多年召し使われた侍女のほかには顔をさし入れるものはないのである。それに不可解なのは、実は同じ部屋に名刀の脇ざしや金銀財宝が山ほどあったのであるが、それに目をくれず、古今集だけが盗まれているのである。信玄は大変驚いて、甲斐・信濃の両国はもとより近国にも人々を急派して捜査したが、なんの手がかりもない。

さては、そば役の近習の者のしわざであろうと早合点して、信玄はおどりあがって怒った。側近の男女はただ、おろおろするばかりで、皆手を握りあってふるえていた。

武田家の参謀三羽烏の一人に飯富兵部という士がいた。その手下に熊若という小ざかしくて、大胆不敵の若者がいた。わずかに十九の青年であったが、ある時大変な手柄をたてた。信州割ヶ峠の戦で、飯富兵部は不覚にも部隊の旗悼を忘れた。明日はいよいよ決戦だというに、日は暮れかかるし困りはててしまった、どうしたらよかろうと、案じていた時に、熊若が進み出て、「わたくしが、取ってまいりましょう」といい捨ててかけ出した。二た時もたたないのに、旗悼を持って帰って来た。なにしろ割ヶ峠から城下の甲府まで、東道《あずまじ》往来百里―今の十里である。たっぷり一日の行程である。一同はただ、あっけにとられている。どうして取ってきたのか、と尋ねる。

熊若は平然として、「甲府まで走って行きましたが、なにしろあわてたものですから、手形も門かんも忘れましたので城内に入ることができません。そこで壁をつたい、垣を越えて城門を開きましたが、誰知る者もなかったので、軍器庫に忍び入って取って来ました」と答えた。

ところがどうだろう。この手柄によって、熊若はとんでもないけん疑をかけられた。ほかでもない。古今集盗み取りは、こ奴だろうということで、飯富兵部はこっそり熊若を自室に呼び寄せて、「お前がそんな忍びの名人で、早駈の達人とは知らなんだ。この間の主君秘蔵の古今集を盗んだのはお前だろう」とおだやかに聞いた。熊若は、「とんでもないこと。私はただ忍び早駈けを得意とするだけです」と臆する色もなく答えた。つまるところ、主従の間に次のような話がとりまとまった。熊若は幼少の時から召し使われて父母の顔も忘れたので、安否を問いかたがた帰省をさし許され、その代り古今集の盗賊をひっとらえて帰るという約束であった。割ヶ峠の戦後、熊若は郷里に向かったが西郡（甲斐の国）というところで風のように走る人間に出会ったのである。うむをいわず、後から追いかけて押し伏せた。その男は恐れ入ってこういった。

「古今集を盗んだのは自分だ。そのわけは、信玄の部屋の秘密偵察のためだった。もう二十日ほどたったら甲府城を滅ぼすのに、運の強い信玄公だな！」。

この男は、上州箕輪の城主長野家に抱えられた忍者で、小田原の北条家に仕えて関八州に勇名を馳せたスッパ風魔の弟子であったが、とうとう、熊若のために殺された。

この事件の後に、武田信玄は箕輪退治に乗り出して、打ち滅したが、時に永禄九（一五六六）年九月二十九日のことであった。

〔附記〕

今川家秘蔵の定家筆『伊勢物語』が武田信玄の手に渡った話は『甲陽軍鑑』『武徳編年集成』などに記事があっ

て、古来著名であるが、『古今和歌集』に関しては、つまびらかでない。

浅井長政と伊賀忍者

戦国時代もだんだん末頃になると、いろいろな戦場に忍者が出没する。琵琶湖の北辺に雄飛した浅井氏と、伊賀、忍者の関係をとりあげて、戦国諸大名と忍者団との関係を知る好個の史題としたい。

時は永禄四（一五六一）年の夏、湖北の雄・浅井長政は、江南佐々木（六角氏）に奪われた米原の太尾城《ふとお》をなんとかして取り返したいと考えていたが、当時太尾城は吉田出雲守兄弟と三井修理らが留守居として在城しているだけで、防備も手薄であるのを看破して、腹臣の今井権六（備かずまさ中守定清）と彦根佐和山城主であった磯野丹波守員昌《かずまさ》に命じて夜討をかける計画をたてた。そこで権六は部将の島若狭守、岩脇筑前守、神田修理などと相談して、伊賀忍者を雇い入れて、火攻めの契約を結んだ。島若狭守の家記（『島記録』）には、「伊賀衆を忍びに入れ、城中に火の手を上げ、それを合図として、本丸二の丸一度に責（攻）めほろぼすべし」とあるが、「浅井三代記」には、「伊賀の忍びの者を頼み候所に相頼まれ申すべしと決定候いて太尾の城へ火をかけ申すべしと契約仕り候」と述べて委曲をつくしている。

決行の日どりは、

×七月一日の深夜　亥の刻　（『島記録』）

と定めた。

同日夕刻から行動を開始した攻囲軍は、太尾城の峯つづき亀山を本拠として今井権六、磯野丹波らは、それぞれ部隊を指揮して待機した。ところがどうしたのか？　伊賀忍者はいっこうに行動を起さない。しびれを切らした一同は非常に激昂して、伊賀衆を呼びつけて、「どうしたのだ！　今夜火の手をあげることはできないのか。できないならば、とっとと立ち帰れ！」とつめよった。忍者たちはただ今決行すると誓って、太尾城の本丸から二町ばかり手前にある番矢倉に火をかけるという。

一同はまた驚いて、「それはいかん」味方の進撃は不可能だ。

「本丸に火をかけよ」と命じたが、忍者たちは、忍の作法（術法）を知らぬ湖北武者の言葉であると一蹴して、「忍びの作法にて手前に火をかけ、その首尾をもって本丸に火をかけ申すはずにて候」（『浅井三代記』）

われわれの忍術では、まず手前の方に火をつけ、その様子を見とどけて本丸に火をつける。と答えたので、一同はなるほどとうなずいた。そうこうしているうちに、夜明けも程近くなって来たので、島若狭守は「作戦を変更して後日にゆずるがよい」と進言して、首将権六に一時撤退をすすめた。権六も仕方なく、腰越まで退いたとき、太尾城の方角に合図の火があがったので、「これは大変だ！」と援軍の将である佐和山の磯野丹波に先を越されては一期の不覚と、部隊をひきいて深坂の中ほどまで引き返し、そこで無二無三に丹波の部隊を追い抜こうとした。

夜明けは近いが、まだ伊吹の連山は闇に眠っている。丹波軍は少からず驚いて、「何者だ！　名を名乗れ！」と呼ばわったが、なんの答えもない。

丹波の一騎士岸沢与一は、「こいつ、うさんな奴！」と権六の背後から槍をしごいて突きさした。なん条もってたまるべき、権六は友軍から不意を突かれ、馬上からまっさかさまに落ちて息が絶えた。時に年三十四であった。異変に慌てふためいた両軍の間に、暗夜の同士討ちがはじまって、二十数名の死傷者を出す騒ぎで、伊賀忍者を使っての先制火攻めの作戦も、出鼻をくじかれて思わぬ失敗に終った。

この忍話は『浅井三代記』巻の十に「同士討ちの事」として湖北における退軍《ひけいくさ》の第一として明記するところであるが、攻略の期日（永禄三年九月二十六日とする）や登場人物に誤りがあるので、権六の部下である島若狭守秀安の家記である『島記録』の「定清みかた打にあいし事」によって補正したものである。

この権六の犬死については浅井長政も非常に同情して、遺子小法師丸の養育には人知れず心を砕いた。一方下手人側である磯野丹波は大変驚いて、陳謝の誠意をあらわし、かような事件をしでかして、

「天道いかなる神仏之御罰候や口惜しく存じ候」（『島記録』）

と述べて、暗涙にむせんだのである。

第九編　忍者心得帖

武蔵坊弁慶

むかし源義経十二の作り山伏となって奥州にくだり給いしとき、武蔵坊は安宅《あたか》の関にて・往来（もちあわせの）の巻物を勧進帳と名づけ誦したるは頓智のはたらきなれども、南都（奈良）の勧めとはかってくだるならば、ほんものの勧進帳を製作せざるは危きなり。

これは『正忍記』（上巻二）に、記するところの忍戒である。源九郎義経が兄頼朝の怒りにふれて、奥州に逃れるとき、安宅の関の検問所で咎められて、進退窮ったとき従者武蔵坊弁慶がとっさの機智で南都（奈良）の寺院建立を祈願する山伏一行といつわって、ありあわせの経文一巻を勧進帳に見せかけて、朗々と読みあげて関吏を誤魔化した、関所破りの有名な史談を攻撃したものである。こんな手は、忍学からいえば児戯に類するもので、思慮浅薄、軽卒も甚だしい。どれ勧進帳拝見となったら、どうするか。やはり、本物の（偽作でよい）勧進帳を用意すべきであったと、するどい批判を浴びせている。

木蔭の大事

重大な使命を帯びて旅に出て、さて一夜の宿を求むるとき、どんな宿をとったらよいか。世の常として縁故をたどっていくらかでも身寄りに心をよせたがるものである。第一に親戚、次は友人・知己の家を頼んだり、またはかくし妻の第二号さんと久しぶりで情を温めようというふとどき者もいるらしい。

こんなことは、良いようで悪い。つい心やすい仲で、「どこへ行くのか？」「どういう用件なの？」などと、根ほり葉ほり追求されると、振舞い酒のゆだんもあって、ついうっかり、「実はこれこれしかじか……」ともらす恐れなしといえない。

ことに相手が女人だとつい心を許して「一大事」をしゃべって、とんでもない結果をまき起したことは、今古に枚挙の暇がない。そこで、忍学では『木蔭の大事』という一巻を授けて、旅の教訓としたが、（意外！）旅宿は赤線街（傾城町）の宿に限るというのである。

すなわち、「およそ一夜といいながら宿かすものとあらばこそ、かようの時は傾城町よろしき所なり」として旅宿の解放的なそして遊興的な性格から、秘事漏えいの心配は絶対にないと保証しているが、また次のようにも戒めている。

あらわなる木の間の影にと一夜をば明かすとや、人々忍ぶと夕暮のただとがむる人もなく、ゆるゆるとかくれるをもとめんこそ、忍びの名人とはいうべけれ。疑をこうぶりて、さがし出されなどする。是れあさましきことなり。（『正忍記』巻二）

人目につきやすい木の間の影（繁華街）に一夜を明かすならば、外見をはばかると、疑われることもなく、ゆうゆうとかくれることができる。これが、ほんとうの忍びの名人である。つい逃げかくれして、かえって足がつき検挙されるのがオチであって、馬鹿げた振舞いだというのである。

四季と睡眠

春の眠り	春は温暖のどかで、蝶舞い鳥歌って天地饗宴の時である。こんな時候には、からだが「たるんで」「くたびれ」の状態で、眠り多しといっている。春眠暁を知らず、眠りの天国である。
夏の眠り	昼長夜短の時節である。土用熱暑の候ともなると、宵のうちは寝つかれないので、短か夜はいよいよ短い。凡そ湿気多いときは、眠り多くして乾燥するときは眠り少いとされている。亥（后十時）の刻から涼気を生じて、熟睡するものである。
秋の眠り	いわゆる爽涼の秋であって、金の気（木火土金水の宇宙人生観から見て）に属していて、木の葉も黄落して乾燥の時節である。心気澄みわたって、筋骨も堅く「くたびれ」がない、しかし秋の夜長の好季節というが、熟睡の時間は反って少いものである。
冬の眠り	冬は水気の時節である。気冷やかであって、人身はひきしまって、「くたびれ」や「たゆむ」ことが少い。夜はいよいよ長くなってくるが、人間の眠りは浅くて覚めやすいのである。

以上は一般論であって、男女の性別老少によっていろいろな変化と差異があるので、特に気をつけねばならない。（『万川集海』巻一三、四季弁眠）

光と風

月の光は、外から内へ差し入るものである。また家の中の光は、内から外へ差し出るのである。そこで月の夜に忍ぶときは、月を背中に受ける姿勢をとってはならない。月が東天にかかるときには、東をさけなければならぬ。家の中から光が出ているときには、その場を避けねばならない。すなわち光源を避けるのであって、これを忍学では光足《ひかりあし》を避けるというのである。凡そ忍の行動は、風下を第一の要件とする。風上にいると、静と動、いずれの場合でも相手に察知される。静の場合でも、火縄の匂いなど嗅ぎつけられるおそれもあるし、動の揚合は必ず物音を聞きつけるものである。逆に風下にいると、よく相手の動静がキャッチできるのである。

花中の鶯

狙う相手が用心堅固であって、どうしても寄りつけない――とりつくしまもない大家であれば、非常手段としてその家の前でニセ病（虚病）を使って倒れ、水でも湯でも、一杯所望する。そこはそれ人情の常として、召使などが現われて、いずれ何かの救急薬を恵んでくれるもの。うやうやしくおしいただいて、湯水を呑み、たった一服で、霊現たちまち現れたような様子で、「これば不思議！」と、その効験をほめたたえる。そのまま家の内に入って、厚くお礼を述べて、召使たちと顔知りになるのである。その後改めて進物を持参して、お礼言上に及ぶ。このような段取りで、だんだん家人と親しくなるのである。およそ人の家を訪問するときは、何よりもまず子供をほめなければいけない。贈り物をするにも、勝手元からはじむべきでめる。

ことに主人が目をかけている召使（男女を問わない）にとり入る必要がある。こんな場合に、主人は自分がほめられたよりも嬉しがるものである。

忍詩に、つぎのようにある。

金ハ以テレ火ヲ試ミ　人ハ以テレ言ヲ試ム
花中ノ鶯舌ハ、不シテレ花ニアラ香バシ

（『正忍記』巻の二）

すなわち金鉄でさえも、火をもってすれば自由自在に溶かすことができる。人間も言葉一つで、どうにでもなる。花の中にいる鶯の舌は、花ではないけれども花よりも芳香を放っているというのである。花をねらうならば、まず鶯を手なずけよという、忍芸の極意を述べたものである。

六具

忍者が、出で立ちにあたって、必ず携帯しなければならぬ道具は、次の六つであった。これを六具ととなえた。

①	編笠	顔をかくすと、人相が変わる。編笠は内からは見えるが、外からは見えない。
②	かぎ縄	かぎをつけた縄で、「高きにのぼり、低きにくだり、人をからめ、戸をしめる」その他使い方によって万能である。
③	石筆	心覚えまたは目じるし、他人への連絡などの用に使う。
④	薬	救急薬で忍書では「虫薬」といっている。
⑤	三尺手拭	三尺手拭の効用は広い。鉢巻・頬かむり・帯・塀乗り越えなどと応用は数限りがない。いつも帯にはさむが、ある流派では襟に折り入れておく。「常に離すべからず」と戒めている。
⑥	附竹	これは火打のことで、発火用具である。忍者は、地焼き放火（焼打ち）などに使った。

足なみ十ヶ条

足音によって人柄がわかるという。ことに万籟《ばんらい》寂として声のない夜道で、雪駄をはくのは最も不心得である。およそ人間の足なみには、次の十種類がある。時に応じ場に処して踏みわけるがよろしい。

一	ぬき足	音がしないように足を抜きあげて歩む。
二	すり足	足を摺って歩く。
三	しめ足	想像できぬでもないが、はっきりしない
四	飛び足	飛んで歩く。
五	片足	片方の足だけで歩く。
六	大足	大股の歩き方。
七	小足	小股の歩き方。

八	きざみ足	小きざみに歩く。
九	わり足	想像できぬでもないが、はっきりしない。
十	常の足	普通の歩き方。

※『正忍記』より

夜道の心得

一	夜道を歩いて、先が見えない時は、地に伏して雲に透かすと見える。
二	人間の通る道であれば、舌でなめてみると塩の味がする。
三	前方に柵があって、人間と見誤ることがある。そんな時もあわてることなく透かして見る。人間の群であれば「たけ」が揃わないが、柵であればほぼ揃っている。
四	草木を人間と思うのは、心の迷いである。そういう時は、道に居り敷いて心を静めていると、人間ならば何かの動きがあるはずである。
五	夜の火を観察する時は、帯刀に扇を横たえてうかがうと、往く火は上にあがるし、来る火は下にさがるものである。また左に行くか右に行くかも、扇と刀の交点を規準にして判断する。

召使に火（提灯）を持たせて行く時は、召使が行く真中を標準とする。向うから人が来る時は、その人の来る方へ火を廻して、自分は影になるように位置してその人を見きわめるがよろしい。

七方出

一	こむ（虚無）僧
二	出家
三	山伏
四	商人
五	放歌師（演歌師）
六	猿楽
七	常の形

これは、忍者が試みた変装法である。これを「七方出」というが、七通りの出方の意味である。それは前頁表の七つであって、いわば職種によるところの分類である。こむ（虚無）僧は編笠をかぶるが、その外はみな職業服であって、出家・山伏・商人・放歌師・猿楽の五つは「男女これを近づくるが故」といって、民衆的であり、人々に親近感があって、あやしまれる恐れがないから、安心だというのである。常の服は通常服であって、その人柄によって、いろいろ工夫せよといっている。その他に鬼一法眼の秘伝五種がとり入れられていて次の通りである。

一	美女美男	美女か美男に扮装する
二	殿屋台榭	豪荘な邸宅を構える
三	閑居岩水	深山幽谷に閑居して岩水を友とする
四	田楽歌舞	遊芸師となる
五	文筆画工	文人画家となる法である

これらには天賦の才能と人品、いいかえると素質と容貌の資本がいるから、誰でもというわけにはいかないし忍書には、この五計をもってはかるならば「いずれの敵をか、もらすべけんや。はばかる所なし」と高言して、絶対不敗の自信を述べている。

古法十忍

古忍学では最も基礎の忍法を考察して、十忍の基本法を秘伝として伝授した。次に「正忍記」から抜き書きして十法の名と、その要領を簡単に説明しよう。

一	音声忍	歌曲・音曲はもちろん、こわいろ（声帯模写）方言を習熟して、相手に信頼させて油断させる法。
二	順忍	「常に人に順がう」とあって、ことさらに術策をめぐらすことなく、天意にまかせて行なう無策の策である。

三	無生法忍	乱れて利を取るという。いわゆる火事場泥棒的な策略。
四	如幻忍	疾風迅雷の早わざを行う。
五	如影忍	相手について離れず、形影相伴ってことをはかる。いわゆる尾行術である。
六	如焔忍	人心の弛緩を利用して、方策をめぐらす。
七	如夢忍	夜陰に乗じて、ことをはかる。
八	如響忍	立地条件を勘案して、策を立てる。地の利に従って、ことをはかる。
九	如化忍	人心の動きを洞察して、臨機応変の策を練る。
十	如空忍	相手に気づかれないように、空（無）より来り空に去るような計路。

忍具の使い方

忍者が使った忍器、すなわち忍び道具にはさまざまなものが考案され、各流派によって、それぞれ独自のものを発明して秘密を守り、何百とも数えきれない道具をこしらえていたが、凡そ次の四つに分類できる。

一	登器	読んで字のように、登る道具である。いろんなしかけのハシゴの類である。
二	水器	堀や河川の渡渉用具である。これについては「忍び船」の項で詳述したので、重復の項を避けたい。
三	開器	カギを開くたくさんの秘密道具。
四	火器	大小の照明用具と火薬である。火薬には、照明用と爆発用とさらに煙幕用とがある。これも「花のあけぼの」の項で説明した。

これらの忍器の使用について、注意書がある。

いずれの忍器もたとえば網の目の如くで、その目は億万と数知れないが、鳥のかかるところは、ただの一、二目に過ぎない。忍器もこれと同じで、いろいろな道具をみな用いるのではない。相手の様子をよく考え工夫をこらし、その時宜に相応したものを携えて多くを必要としない。この故に一器をもって、諸用を弁ずるのが忍の功者である。

前半のたとえ話がうまい。忍び道具はたとえば鳥網の目のようなもので、網の目数は億万とあろうけれども、つまり鳥がかかるのは、一局部の一、二目に過ぎないというところ、にくたらしいほどの知恵のひらめきを感ずるのである。

反り忍

相手方から入りこんで来る忍者を中国の古い兵学では、反徳の間——間者または間諜というが、わが国では反り忍と呼んでいる。相手もさる者、これを看破するのは、容易なわざではない。しかしこれを察知する方法を、次のような口伝で教えている。

下人の己にまさる利口を、いい及ばざるの道をいう者は、皆おしえられたると知るべし。此品によりその者を察すること。

すなわち一見して下人風の者が利口《かしこ》ぶった道理をいうのは、自分の考えから出たものでなく、必ず教えられた鸚鵡がえしである。つけ焼き刃は「人品骨柄によって看破せよ」というのである。(『正忍記』忍兵の品)

第十編　忍術の文献

第一章　万川集海

万川集海のいろいろ

一九五六年の春に上京し、久しぶりに学習院大学へ行き旧友の末松教授や関野君に会ったが、甲賀高校々長に赴任して初めての面会であったので、開口一番、「甲賀流の忍術使いになったよ」と冗談を飛ばしたのである。

ところが意外な反響を起して、まじめな両人は、「実はきのう内閣文庫の珍書稀籍の展覧会があって、約三十種ばかり展示されたが、その中に甲賀流忍術の書物があった」といって展覧書目まで見せてくれた。正直のところ甲賀流の忍術なんて口はばったいことをいったけれども、ほんとうはなにもご存じないのである。これはおもしろいことになったと、書名を見ると『万川集海』二十二巻（十一冊）とある。思えばこれが著者にとって忍術開眼の糸口であったのである。さっそく同行の東京教育大の宮原君を促し、関野君から電話してもらって同書閲覧の便を与えられた。内閣文庫といえば、二十年ばかり前『続耳譚』という多年探し求めていた珍らしい書物があるのを知って見せてもらったことがあり、これで二度目の眼福である。「浅草文庫」の印があり、巻首に延宝四（一六七六）年江州甲賀郡陰士藤林保武の序文があるところの江戸時代中頃の写本で、全巻正楷をもって墨書し、まことに見事な書物である。『万川集海』という書名は、四百年前甲賀・伊賀両国に伝わっていた忍術の諸流派（四十九派）を集録したもので、大小さまざまの河川が海に集るように集大成したという意味である。

当日内閣文庫は大掃除と内部改造でごったがえしていて一般の閲覧は禁止されていたが、前記の末松君や関野君らの連絡によって、甲賀高校と甲賀流忍術の組み合わせに、文庫の福井総理府事務官は特に便宜をはかられて、別室で翻読の便を与えられた。同事務官の話によると、本書は曾って旧陸軍大学と旧海軍兵学校が複写したことがあるが、いま所在不明であって、個人としては東京の藤田西湖氏が一本を所蔵しているとのことであった。

二十二巻を通覧すると、

① 忍術の起源と発達
② 忍者の精神綱領
③ 方法論
④ 陽忍と陰忍
⑤ 忍術と天文・気象
⑥ 忍術の道具
忍器　登器　水器　開器　火器

の六つの部分から成りたっている。

三〜四世紀前に発達の極点に達した甲賀・伊賀の忍術いわゆる甲賀流・伊賀流の四十九派を集大成し、わが国古典忍学を体系づけた大著である。

学校へ帰ると大威張りで、先生であろうと誰彼なしに、東京のどまん中で、ところもあろうに皇居大手門内の一角で、甲賀伊賀両流の奥儀を究めたと吹聴したものである。まもなく郷土史家の中西義孝氏から同名の書が、甲賀町田堵野の旧家故大原数馬氏の宅に伝来していることを聞いて、さっそく同家を訪れて、見せてもらったのである。大原本は二二巻一〇冊で褐色の表紙の美濃中版（虫食いひどく破損が多い）で、筆蹟は粗雑であるが、内閣本と基本的な相違は見あたらない。しかし、巻一の目録など序列を誤まり第十巻から第十四巻に跳び、後に巻十と巻十二を追記しているほどで、どうも未整理のあとが歴然としていて、善書とはいえない。

甲賀町の油日《あぶらひ》にある富田文書に、次のような記録がある。

これは名高い甲賀二十一家の中でも、忍者十家に数えられていた、前記の田堵野の大原数馬と油日の上野八左衛門（共に現甲賀町）及び北脇の隠岐守一郎（現水口町）の三名が、盃と忍術書並に『軍要秘記』の三件を江戸幕府に出府して、時の寺社奉行松平右京亮輝和を通じて幕府に献上した物件目録である。時に寛政元（一七八九）年のことであったが、大原家系図によると、数馬は幼名を景直といって映照と号した医者であった。大原家は笹山（または篠山）の姓を名乗ったこともあって、代々数馬を襲名し、景直は初代である。
一　御盃　箱入
一　忍術之書　十冊
一　軍要秘記　壱冊
右之通差上候
四月二十日
大原　数馬
上野　八左衛門
隠岐　守一郎
松平　左京亮様
当主も医師であったが、太平洋戦争に南方へ派遣され病をえて没し、とし未亡人は長男の吉景君を顧みて、

「この子はまだ十五歳ですが、四十二歳

になると家憲に従って数馬を名乗りますよ」

とほほ笑まれた。同家系図の寛政元年の条には、

「御老中松平越中守様（定信）より御褒美として銀五枚頂戴仕り候」

と記している。伊勢の神宮文庫に所蔵されている甲賀の名族宇田の山中家（水口町の柏木にあった）文書には、寺社奉行松平右京亮から前述の大原数馬以下三名に宛てた書状があって、褒美を頂戴したのは独り数馬だけでなく十四名の忍者があげられている。すなわち、

銀五枚ずつ　甲賀より出府致し候　三人の者
同二枚ずつ　当時術心掛け候　八人の者
同壱枚ずつ　其余の　三人の者

とあって、銀五枚は江戸に出府した大原・上野・隠岐の三代表に、銀二枚は当時、術者として知られていた八名に、銀一枚はその他の術者に授与されているのである。また同山中家文書の中には、寛政元年二月附の甲賀忍者二十一家の名簿があるが、銀五枚を授けられた十一名は、その序列によって、正確には推定できないが、左記の人々は銀二枚組としても間違いのない顔ぶれである。

滝留三郎（馬杉）……………………現甲南町
鵜飼四郎兵衛（三大寺）……………同水口町貴生川
望月左近（土山宿）…………………同土山町

大原三之助（上田）……………………同甲賀町
和田喜八郎（和田）……………………同前
隠岐善吾郎（隠岐）……………………同水口町
望月仙蔵（野田）………………………同甲南町

そこで内閣文庫本の忍術書『万川集海』の考説ということになるが、寛政元年に大原数馬らが献上した原本であるという確認はえられないが、以上の史的考証からして、少しともその血統を引いた書であり、子か孫かというところまで範囲を広げて考えるとき、その何れかに属するということは、誰しも異論のないところであると思う。天下の秘書である忍書が、どういう史的径路を辿って大奥に伝わったかということの解明に役立てば幸いである。文庫本は即献上本という石原説もあるが、著者はとらない。（国会図書館発行読書春秋八巻五号因みに内閣本の第一一冊は、献上目録の第三件にある『軍要秘記』一巻であって巻首に大原 氏笹山景直写正とある。これは大原景直で、これまでにたびたび姿を現わした献上者の筆頭に位する初代の大原数馬である。著者は大原家に現存する巻物一軸（巻首を失っている）が、その原書であろうと思った。

ここについでながら、その後の調査による『万川集海』の流布本のうち、世に知られたものを、追記しておく。

一　内閣文庫本　二二巻附軍要秘記　十一冊　写本
二　大原本　二二巻　十冊　写本　滋賀県甲賀郡甲賀町田堵野大原家蔵
三　藤田本　十冊　与本　東京藤田西湖氏蔵

四　大沢本　　十冊　写本　堺市大沢一平氏蔵
五　滝本　　二十一冊　写本　伊賀上野市滝忠郎氏蔵
六　沢村本　　十五冊　写本　三重県阿山郡壬生野沢村甚三郎氏蔵
七　沖森本　　二十一冊　写本　伊賀上野市中町沖森直三郎氏蔵

沖森本は、『忍道梯楷論』『和漢忍利証語集』三冊それに『忍問答』一冊を加えて、二五冊となっている。

万川集海の作者

『万川集海』二二巻は、三百年前以前の古典忍術四十九流を集大成した唯一無二の忍学書であって、伊甲両賀の忍者社会では奥伝秘書として珍重された。本書には二つの系統があって、伊賀本と甲賀本の二種に分れる。甲賀本はいま甲賀町田堵野の大原本と内閣文庫本が世に知られている。抄本には山中本（伊勢神宮文庫所蔵）があるが、これは二十巻のうち『忍術問答』と巻一と巻二の正心の篇を抜き書きしたものである。これについては、おもしろい逸話がある。忍者山中藤内は大原数馬が『万川集海』の完本を秘蔵しているのを羨望していたが、名忍をもって自他ともに許した数馬はなかなか見せてくれないので、誓紙を入れてようやく借覧が許された。その誓紙は今も山中文書として伊勢の神宮文庫に所蔵されているが、時に寛政元（一七八九）年六月のことで、

（前略）仲間中の外の者他見他言致すまじく候もし相そむくにおいては冥罰を蒙るべくものなり

と記されて、忍者社会のおきてを知る唯一の手がかりである。

伊賀本にはいろいろあって、三重県では伊賀上野市の沖森本（二十五冊）と滝本（二十一冊）と阿山郡の沢村本（十五冊）が知られ、その他堺市の大沢本（十冊）が数えられている。以上の写本は巻数と冊数の組み合わせがまちまちになっているけれども、内容では沖森本の外は大同小異である。甲賀本の二種は大原本の系列に属するので、巻冊ともに同じく二二巻十冊であるが、内閣文庫は別に『軍要秘記』一巻を附して一一冊としている。

さて本書には、延宝四（一六七六）年に記された藤林保武の序文があって、制作年代を明示しているので、忍史学上の価値を高めているが、甲賀本にはどれにも甲賀隠士の肩書を冠しているのに反して、伊賀本にはこんな肩書はない。おかしなことである。作序者藤林保武は、伊賀者か？甲賀者か？そこでまずその解明が必要となる。彼は伊賀湯舟の生れで、その祖は藤林長門守といって百地三太夫・服部半蔵とともに上忍三名家の一に数えられた家柄である。その子孫で上野市に移住したものは、富士林と改めているが、江戸時代末期名をなした富士林正直が残した文化七（一八一〇）年の蔵書目録（沖森本）『万川集海』六冊が記録されて、伊賀軍法の書と註記しているので、その頃まで同家に伝蔵されていたことが判明するのである。いま湯舟村は東西両村に別れていて藤林姓は西湯舟に多く、正覚寺には藤林家の供養塔が残っている。一方甲賀郡には藤林氏を系統づける資料は整わない。もっとも藤林姓が絶無とはいわない。甲賀町大原市場と石部町に一、二ないでもないが、文献・記録から伊賀出身とする根拠は乏しいのである。著者は『万川集海』の編著に当って、藤林保武は作序者となっているが、推断といわれるかも知れないが、保武とその一統の忍者の手になったと思っている。

それは『万川集海』の内容を分析するとわかる。第一に同書の『忍術問答』には、「忍は伊賀を本とする」

として忍術の起源を伊賀にあると宣言していること、第二には、忍者の名人として列挙した一一人の人物が一人残らず伊賀人であること、すなわち

野村の大炊孫太夫
新堂の小太郎
楯岡の道順
下柘植の木猿（大猿）・小猿
上野の左
山田の八郎右衛門
神戸の小南
音羽の城戸
高山の太郎四郎（甲山）
同　太郎左衛門

であって名の上に冠した地名は、どれもこれも伊賀国内である。第三には同書に記載された忍者の行動記録を見ると、殆んど伊賀を舞台（山田の八郎右衛門と伊賀一の宮、新堂の小太郎と佐奈具城、楯岡の道順と湯舟）としている外に、久保右衛門というスッパ（ここでは忍の手下の意味）の物語を見ると（巻十三・陰忍）、明らかに「当国湯舟村（三重県阿山郡）の里」と書いて、編者が伊賀人であることを卒直に告白しているのである。

以上によって明白であるように、『万川集海』の序者とその編著は、他に反証がない限り伊賀忍者であると、断定しないわけにはいかない。それでは、どういう理由で甲賀本は江州甲賀郡隠士とするか、これについて著者は大原数馬らが寛政元年に将軍献本のときに考えついた作為と思っているが、なにぶん湯舟村というところは、いわゆる湯舟越えという伊賀・甲賀の国境に位して、甲賀郡上馬杉から目と鼻の間であり、現在も同村には甲伊両地人が雑居の状態で、呉服屋も魚屋も雑貨商も商人といえば殆んど甲賀人である。地元の人の談によると、三重・滋賀両県人の区別が、はっきりしたのは、戦時の統制経済で配給になってからであるといっているほどである。いずれにしても、忍術は、伊甲両陽に発達した山岳武術であり兵法であって、その系統的発生は同一圏内である。しかしながら、なんといっても甲賀本が江州甲賀郡隠士藤林保武と明記したのは、政治地理を無視しており、この肩書は当然抹殺すべきであろうと思われる。

第二章　忍書探訪

正忍記

近年所用のため上京したとき、『万川集海』の序文に引用されている『林間精要』という書物が、上野の図書館にあるらしいとの風説を聞かされていたので矢も楯もたまらず、寸暇を盗んで同館の門をくぐった。考査書誌課のお世話になっていろいろ探索してもらったが、それらしいものがなくて、聊《いささ》か失望もしたが、意外にも『正忍記』三巻が見つかった。

鳥の子の上質紙（縦二〇センチ、横一五・五センチ）楷行両様の書体で書かれた美写本であって、天（四九枚）

地（三四枚）人（一九枚）の三巻から成る。

序は延宝九（一六八一）年初秋哉生明（陰七月三日）紀城散人勝田何求斎養真の手書である。いかにも紀州人らしい書香を放っている。

巻末に青竜軒名鳥兵左衛門が、「この正忍記は当流忍の純粋の奥極なり。先師より以降ただ一人の外授受せずと雖《いえど》も、今子の懇望に依り、聊かも残さずして許授せしむるところなり。慎んで宜しく練熟して、猥りに他見すべからざるなり。（意訳）」と述べて寛保三（一七四三）年二月に渡辺六郎左衛門に附与したことを明記している。すなわち、先師（名取流）から伝授された名取兵左衛門が寛保三年に弟子である渡辺六郎左衛門に授与した書物であって秘法授与の系統を明示した由緒正しい忍学書である。

本書は明治三十四年五月二十二日に上野図書館で購入したもので、伊賀・甲賀両地方の伝本と同類ではあるが、鳥の子の料紙に浄書された美写本で伝蔵者の家格が偲ばれるのである。いま合本一冊とされているが、その時であろう、どう誤ったのか、天地人の三巻を天人地ととじたので翻読に不便を感ずるばかりでなく、書品からも惜しむべきである。

本書は、同年代（延宝四年）に藤林保武が甲・伊両流四十九派を集大成した忍書『万川集海』と選を異にし、紀州流の精粋を伝えたものでいわば一派の極致を究めたものであり、他の追随を許さぬ独特なもので、いかにも忍秘書らしい特色をあらわし、片言隻句にも奥伝らしい風韻がある。

余談になるが著者が本書を手にしたのは、昭和三十二年七月二十五日の午後一時かっきりであった。同二時からは赤坂のプリンス・ホテルで会合があるので、残念ながらこの書見は同一時半までに終らなければならない。そういうわけで、以上の訪書ノートは、僅かに三十分間の過眼録である。考査書誌課の桑原さんに全巻の撮影を依頼し、ホテルに駆けつけて、やっと間に合ったが、プリンス・ホテルの門を見て驚いた。十六辨の菊の紋章の中に李《すもも》の紋章が輝き、金色燦然として眼を射る。日本の皇室と朝鮮の王室を一体化したデザインで、明治天皇のご発案によるものである。元李王の御殿であった。――多年京城に住んで李王家の編集官を兼務して、李太王・李王の伝記『高宗実録・純宗実録』の編集に従事した著者には、有為転変・感慨無量なるものがあった。上野図書館で望外の『正忍記』を見た喜びと、変り果てた主なき李王御殿の感懐――この喜悲二つの明暗は、終生忘れえない。

伊賀訪書記

昭和三十一年の初秋であった。友人森本君の案内ではじめて伊賀、上野市の土を踏み、芭蕉の遺蹟を歴訪して多年の宿望をとげるとともに、またあこがれの伊賀忍術に関する文献を見る機会を恵まれた。十年前に漢法医書研究の権威である堺市の三木博士から伊賀上野の沖森氏が、忍術に関する古文献を蒐集している話を聞いてから、一度機会を得たいと夢にまで見たほどであるが、幸にも同市に縁故の深いしかも同じ郡内の貴生川中学校長である森本君から往遊を勧められて、大船に乗った気で宿願を果したのである。沖森氏は関西でも屈指の古書肆《し》であって、気持よく著者どもを招じ入れて、奥二階で苦心の蒐集書数十種を赤い毛藍《もうせん》の上にひろげて、「多年心がけて集めていますが、物がものだけになかなか集りません。どうぞご自由にご覧ください」とのことであった。

いろいろな忍書の中でも、有名な忍史書『万川集海』は箱入りで、特に大切に扱われていた。本書については皇居内の内閣文庫本が著者の初見であるが、これは寛政元年に甲賀町の大原数馬（初代）らが寺社奉行の松平右京亮を通じて将軍に献上の手続をとった由緒につながるもので、甲賀の古文財として東京の東洋文庫田川孝三君の世話で、内閣文庫の特許をえて『万川集海』二二巻と「軍要秘記」一巻の計二三巻一一冊を、全部四六九枚のマイクロ・フイルムにおさめ、A５判に引き伸ばし、便宜上七冊に製本して甲賀高校に所蔵している。同系統の異本に大原本がある。甲賀町田堵野の甲賀流末裔である大原家の蔵本である。

抄本としては山中本（伊勢神宮文庫所蔵）があるが、三本とも序文の筆者は甲賀郡隠士藤林保武と記している。ところが、この沖森本はただ藤林氏と誌しているだけである。これは注目すべきことがらである。『万川集海』の書誌学的考証のカギであって、甲賀三本が甲賀人であるとする反証として、また本書成立の解明に資する大切な点であって、著者はびっくりした。

このことについては前章の『万川集海』と題して別記しているから重複をさけたい。

次に当日寓目の便を与えられた主な忍書をかかげて、伊甲両域の古忍書の一班をうかがって、同氏の好意に報いたいと思う。

①	忍術秘書応義伝	一冊	天正十三年
②	忍秘伝	四冊	永禄三年
③	忍術奥之巻	一冊	慶長九年
④	万川集海	二二冊	延宝四年
⑤	忍問答皇漢由来事	一冊	〃
⑥	忍道梯楷論和漢忍利証語集	三冊	〃
⑦	正忍記	三冊	同九年
⑧	忍術秘伝	一冊	享保十六年
⑨	忍術極意秘密巻	一冊	不詳
⑩	一子相伝当流忍大極秘	一冊	〃
⑪	忍術奥義秘書	一冊	〃

第三章　忍術文献

訪書難

忍術は古来から極端な秘密主義を守りとおしてきた。一子相伝（まれにはあったが）も許さないおきてがあったことは、「忍術の秘伝とおきて」（第六編「忍法」第一章「忍術の秘密主義」）の項で述べたが、これがまた他面では忍術の発達をさまたげ、衰滅の一因ともなったのである。そんなわけで伊甲両派だけでも古忍四十九流といわれた各宗家では門外不出として秘蔵していたので、今日これらの文献・記録を集めるのは容易なわざではない。それに筆伝の外に口伝があって、これは今どうにもならない。筆伝の中にも、これこれは口伝とことわっている部分がかなり多い。

たとえば、「敵の忍者をとりこにし、からめ、味方の門へ連れ来り、かくの如く言えとて謀りごとをいわすることあり、その時は、実は半咳、偽は丁咳たるべし。重々口伝（『万川集海』巻四）とある。

すなわち秘密を白状させるとき、もしも本当のことをしゃべるならば半《ハン》であり、嘘言であるときは丁《チョウ》と出る。丁と半で真偽を判断する秘法を教えているが、その解き方は重々口伝と逃げているのである。また「暗号（忍者いろは）」「合い言葉」（第四編「忍術と文学」第二章「忍者の教養」）で解読した隠書も、実は大秘事口伝とされた暗号文字である。

こんなわけで、忍史学の研究はたいへん困難である。今まで体系づけた探求ができていないのもそのためである。

次にかかげる忍術に関する文献・記録の紹介も、いきおい青写真の域を脱しないのであるが、今までに著者の眼にふれた書名を一応羅列して、研究のしおりとしたい。

忍術書目

1 **万川集海**　(二二巻)
延宝四年甲賀・伊賀両流のうち主として伊賀流四十九派の秘伝を記した忍学の大集成である。著者は伊賀湯舟の忍者藤林保武。甲賀本には大原本・内閣文庫本・伊勢神宮文庫本(一部抄本)があり、伊賀本中沖森本は著者の一覧するところである。内閣文庫本は「軍要秘記」一巻を加えて完本とし、沖森本は「忍問答和漢由来書」一巻と「忍道梯楷論和漢忍利証語抄」三巻を添えて完本としている。

2 **忍術秘書応義伝之巻**　**一巻**(巻物)
甲賀五十三家のうち二十一家北山九家の一である頓宮四方之佑の家に伝わる巻物であって天正十三年に書かれ、同十四年に竹中半兵衛が書写し、更に頓宮家の後裔盛重が保存のため天保十二年に浄写したもの。

3 **忍秘伝**　(四冊)
承応二年三月服部美濃守保清が著わしたもので永禄三年、服部半蔵から伝承したもの。

4 **正忍記**　(三巻)
延宝九年紀州家の兵学者名取三十郎正武藤一水が著わしたもの。紀州流の秘伝で東京上野図書館本は鳥の子の美写本である。

5 **忍法秘巻**　(一冊)
正保六年五月雲州伝伊賀流忍術の秘伝を井上所左衛門政休が門人に伝えるために書写したもの。

6 **忍術伝書**　(一冊)
年代不詳伊賀流の秘伝書。忍具類の記載が多い。内川半助・同半右衛門・同半兵衛の共著。

7 **服部流忍法秘伝**
宝暦十年二月に書かれた服部流忍術の伝書。

8 **軍髄応童記忍之巻**　(一巻)
十八巻合本の中の一巻。年代不明。名取流の秘伝であって名取三十郎正澄の著。

9 **忍術秘伝竊忍《しのび》目録**　(一冊)
年代著者ともに不明。芥川流忍術の伝書。

10 **忍小鏡之巻―五間忍之書―**　（一巻）
寛永十二年四月松元六右衛門伝来書と福智有睡伝来の忍術書を享保十一年十二月書写したもの。

11 **義経流忍術伝書**　（一冊）
源義経を祖とする義経流忍術は福井藩で行われた忍術で、同藩の忍者は代々この忍術書を伝えたが、本書はその目録であって義経から八代目に当る井原番右衛門頼文の伝書。

12 **当流忍衆覚語之抄**　（一冊）
義経流忍術の覚語の教えを書いた伝書。年代不詳。

13 **忍大意**
義経流隠密の秘事を記したもの。享保九年八月、三羽次右衛門の伝書。

14 **一子相伝　当流忍大極秘**　（一冊）
流野半九郎定勝・赤井田伝兵衛重勝・陸扇計時輝と代々伝承した伊賀流忍術を享保十六年十一月に平岩善次郎信実が高野瀬又右衛門に伝えたもの。なお本書には当流忍極秘伝一冊という異本がある。

15 **忍之極意目録**　（一冊）
享保十四年十一月、平岩善次郎信実が伝えたもの。忍之目録一冊は本書の異本である。

16 **福島流忍術之書**　（四巻―合一冊―）
福島正則の家臣野尻次郎右衛門成正が伝えた忍術書で、寛政九年四月、兵庫頭九代の孫寺沢直作・同行弘が伝え、石川大和源朝臣光徳が秘蔵していたのを文化七年十月に再写したもの。

17 **兵法秘要竊盗《しのび》之巻**　（一冊）
延宝三年に小池八郎兵衛が著写したもの。

18 **出抜忍之巻**　（一冊）
もと伊賀の服部流から出た加治流兵法の忍術の巻で加持遠江守景英の著。年代不詳。

19 **忍術水鏡**　（一冊）
二木新十郎政長が伝えた忍法を武曾喜久馬信勝が安政十八年七月弥勒清助に書き与えた巻物の写し。

20 **義盛百首歌**　（一冊）
伊勢三郎義盛が忍術の秘伝を百首の歌で教えたもので、

後に忍者たちが作った忍歌の起源をなすもの。

21 **伊賀問答忍術賀士誠**（一冊）
伊賀流忍術を問答体にしるしたもの。年代不詳。

22 **物見秘伝抄**（一冊）
敵状偵察の秘伝。年代不詳。

23 **軍気の巻**（一冊）
寛永十三年鵜飼蔵人頼継が松野玄之丞に伝授した六十一の図入り軍気（戦陣気象学）の見方を書いた巻物の写し。

24 **伊賀流忍術隠火之巻**（一冊）
伊賀流忍者が用いた火道具の図解。年代不詳。

25 **甲賀忍之伝未来記**（一冊）
尾州藩の甲賀流忍者木村奥之助康敬の口授を門人近松彦之進茂矩が筆記したのを、尾州藩士鈴木貞美から伝受した水野忠通が筆記したもの。

26 **その他**
郷家流竊盗《しのび》秘伝（一冊）軍法侍用集中窃盗《しのび》巻（二冊）などの類書が知られている。

伊賀者（組）書目

（主として江戸在住伊賀組の記録）

1	伊賀者大由緒	一冊	寛政九年五月
2	伊賀者御由緒之覚書	一冊	宝暦十一年九月
3	伊賀者由緒	一冊	享保二十年
4	伊賀付差出帳	一冊	寛永十三年

甲賀者（組）書目

（②を除き主として甲賀在住者の記録）

1	甲賀二十一家	一通	寛政元年
2	甲賀組由緒書	一冊	天保十年八月
3	甲賀二十一家先祖書	一冊	年代不詳
4	甲賀古士由緒書（鵜飼勝山書）	一冊	〃
5	甲賀郡古士伝	一冊	〃
6	差出帳	一冊	元文三年

忍術類書

（呪術的要素が強いもの）

1	忍法書　中辻義右衛門	七通	享保十三年
2	甲陽軍鑑的流　大原数馬	一巻	寛政元年？
3	八門遁甲之巻	一冊	不詳
4	陵問三略	一冊	〃

5　神伝忍術秘書　一通　〃
6　大吼雀問答　一冊　〃
7　使骨法　一冊　〃
8　草陰火沸録　一冊　〃

火術書目

1　伊賀者火術秘書　一冊　寛永元年
2　竊盗《しのび》秘密手鑑　一冊　年代不詳
3　伊賀流忍術隠火之巻　一冊　〃
4　楠流火術　一冊　慶応二年
5　忍者軍用火術　一冊　年代不詳
6　火薬々量　一冊　〃

奪口書目

1　楠流奪口忍之巻（三十九ヵ条）　一冊　不詳
2　奪口忍之巻　一冊　〃

奪口というのは、国状偵察のために他国の方言を自由に使う術、すなわち他人の口を奪うという意味である。忍学では『里人の術』ともいっている。

甲賀忍者の陣中報告書

一　先年肥前国一揆（天草四郎時貞の乱）起るのとき、上使として松平伊豆守（信綱）殿彼地（島原）へ御発駕ならせられ候みぎり江州甲賀の古士ども兼ねて伊豆守殿御存じの筋目ござ候につき幸の儀と存じ奉り御供仕りたき段願い上げ奉り候ところ古士の内拾人願いに委かせ御召し連れ仰せつけられ候者どもは

望月与右衛門　芥川七郎兵衛
山中十太夫　伴　五兵衛
夏見角介　岩根勘兵衛
芥川清右衛門　鵜飼勘右衛門
岩根甚左衛門　望月兵太夫

右拾人の者ども御供行り彼地へ速かに罷り越し候御事

一　伊豆守殿に御供仕り寛永拾四年丑の極月に大坂御出船翌年寅正月四日伊豆守殿彼地（島原）へ御滞り無く御着津成らせられ候　同六日伊豆守殿甲賀拾人の者ども召し出され仰せ付けられ候儀は唯今味方の仕寄（防壕）先より敵城の塀際までの間数沼の深さ塀の高さ矢狭間《やざま》（箭眼・銃眼）の体巨細不明に在らせられ候に付き具さに御絵図に御記るし　明日江戸表へ御注進なされたく思召され候間成るべき事には忍び寄り見謀り候よう仰せ付けられ候

に付き御請け申し上げ　則ち其の日の夜に入り　芥川七郎兵衛・望月与右衛門・山中十太夫・岩根甚左衛門・望月兵太夫右五人の者ども　早速有馬玄蕃頭（豊氏）御仕寄（防壕）場へ罷り出て御断申し木戸を開かせ竊《ひそ》かに敵城の塀下に忍び寄り候処城中より猿火（上下する照明燈）を下げ打ち続け松明投げ油断なく用心致し候故塀際に味方討死の死体どもこれある中に紛れ伏し夜陰に及び候て城中の鳴音も少し謐まり候時分二ノ丸の出城までの間数・沼の浅深・道の善悪・塀の高さ・矢挾間の切り様具さに謀り　後日の証拠として出城の角に堅木を差し杭に仕りこれを験し置きて罷り帰り　此旨伊豆守殿へ委細申し上げ候処　御感服なされ天晴れ手柄の段仰せ聞こされ候御事

一　同廿一日　伊豆守殿仰せられ候儀は鍋島信濃守（勝茂）殿御手より塀際に忍び寄り兵糧参俵分捕致し候にて御家頼（来）鍋島若狭守殿召し連れ注進申し候　甲賀十人の者どもにも窺かにて見申し候様にと仰せ付けられ候間左様分捕も御奉公に罷り成り候は畏れ奉り候と申し上げ候処　伊豆守殿仰せられ候儀は敵陣の兵糧は甚だ大切に有るべく候一粒にても味方へ取り候得ば御忠節其の上何れも手柄に成るべき由仰せられ候故則ち其日の夜に入り甲賀拾人の者ども黒田右兵衛佐殿御仕寄（防壕）へ忍び入り味方より遙々遠き海手の塀際に陰し置き候敵の兵糧の数拾三俵竊かに尋ね出し盗み取り則ち右兵衛佐殿御仕寄まで引き取り物頭衆へ預け置き候て伊豆守殿へ申し上げ候得ば比類無き儀と仰せられ則ち御差図にて明後まで右兵衛佐殿御陣場に其のまま差し置き候事

一　伊豆守殿仰せられ候儀は毎夜何事なる哉わずかに唱言を申し候声如　様の儀にて候哉分明にて候問成るべき儀にては聞唱の様仰せ付けられ候に付き　御請け申し上げ候　其の夜鵜飼勘右衛門・芥川清右衛門・伴五兵衛・芥川七郎兵衛右四人塀際へ忍び寄り矢挾間より密かに聞き届け罷り帰り　伊豆守殿へ具さに申し上げ候事

一　同　廿七日　伊豆守殿仰せ出され候儀は城中の案内敵の様体一切御存知なき旨に付き知らし召され度き段仰せられ候間方便を以て忍び入り様子見詰め十に二つ三つも生きて帰り存じの者竊かにて見立つる者哉と仰せ出され依って御請け申し上げ其の日夜に入り　望月与右衛門・芥川七郎兵衛・夏見角介・山中十太夫・伴五兵衛右五人細川越中守（忠利）殿御手先へ参り今度伊豆守殿仰せ付けられ城中へ忍び参り候間此の陣屋の御鉄砲筒先上にて打つ様仰せ触れられ下さる様と物頭衆へ相断わり木戸を開かせ罷り出、塀際に忍び寄り候得ば前方の如く猿火（上下する照明燈）を投げ続け松明油断なく用心致し候故小柴の陰へ紛れ伏し夜更け候まで相待ち候処城中の鳴音も謐り候間透き間を窺い右五人塀へ乗り掛け早や芥川七郎兵衛・望月与右衛門城中へ忍び入り伺い候処与右衛門敵の穴へ落ち申し候故敵兵ども聞き出だし　忍びより夜討ちかと申し城中夥しく騒動致し候故与右衛門と七郎兵衛引き上げ申し候処敵大勢にて取り籠め候得ども殊の外闇夜にて敵兵に紛れ走り候処方々より続き松明数多出し候間其のままかけ抜け両人にて旗一本たわめとり塀へ飛び乗り候処石にて散々に打ち落され両人とも半死半生に罷り成り候処を請け手に罷り在り候夏見角介・山中十太夫・伴五兵衛右三人の者ども与右衛門・七郎兵衛を肩に引懸け細川越中守殿の御陣まで引き取り其より罷り帰り　七郎兵衛と与右衛門は殊の外手疵請け候故城中の様子其の時の次第右角介・十太夫・五兵衛・勘右衛門を差し添え伊豆守殿へ斯々の儀と申し上げ則ち証拠として右の旗を御目に掛け候処伊豆守殿御感服一段と思召され　早速医師衆を御附け置き養生仰せ付けられ与右衛門・七郎兵衛手負い引き取り候　則ち細川越中守殿御陣場にて物頭衆寄り合い馳走致され儀を申し上げ候得ば其の翌朝伊豆守殿　馬場三郎兵衛殿を以て越中守殿へ御礼仰せ置かれ候二月廿八日に漸く全快致し罷り出候処に右の様子又直に御聞かせらるべしと伊豆守殿・戸田左門（氏銕《かね》）殿委細に御尋ね成され候　御同列には中房美濃守殿・石谷十蔵殿・鈴木三九郎殿其の外御上使の衆御一座に御座候事

主だった忍者資料館博物館

①伊賀流忍者博物館
〒518-0873　　三重県伊賀市上野丸之内 117（上野公園内）
TEL　0595-23-0311　　FAX　0595-23-0314

②伊賀忍者修行の里　赤目四十八滝　忍者の森
〒518-0469　　三重県名張市赤目町長坂 682
TEL　0595-64-2695（赤目四十八滝渓谷保勝会エコツアーデスク）
FAX　0595-48-5888

③甲賀流忍術屋敷
〒520-3311　　滋賀県甲賀市甲南町竜法師 2331
TEL　0748-86-2179　　FAX　0748-86-7505

④甲賀の里　忍術村
〒520-3405　　滋賀県甲賀市甲賀町隠岐 394
TEL　0748-88-5000　　FAX　0748-88-2108

⑤戸隠 忍者の里 チビッ子忍者村
〒381-4101　　長野県長野市戸隠 3193
TEL　026-254-3723　　FAX　026-254-3850

⑥戸隠流忍法資料館
〒381-4101　　長野県長野市戸隠 3688-12
TEL　026-254-2395

⑤戸隠忍者の里 チビッ子忍者村
⑥戸隠流忍法資料館
③甲賀流忍術屋敷
④甲賀の里　忍術村
①伊賀流忍者博物館
②伊賀忍者修行の里
赤目四十八滝　忍者の森

【著者紹介】
山口 正之（やまぐち まさゆき）1901年生まれ。
1929年　京城帝国大学法文学部史学科を卒業
1929年　平壌高等女学校教諭
1931年　京城中学校教諭
1933年　李王職編修官兼務
1945年　日本へ帰国
1947年　滋賀県大津高等女学校教諭
1949年　大津市教育委員会教育長
1956年　滋賀県立甲賀高等学校長
1958年　滋賀県立虎姫高等学校長
1960年　彦根市教育委員会教育長
1964年　退職
1964年　10月22日逝去

＜主な著作＞
『黄嗣永帛書の研究』（1946・全国書房）、『通勤列車』（1957・葵書房）
『忍者の生活』（1963・雄山閣）、『朝鮮西教史』（遺稿/1967・雄山閣）。
その他、朝鮮キリスト教史に関する論文を多数執筆。

平成27年11月30日 初版発行　《検印省略》

雄山閣《ゆうざんかく》アーカイブス 歴史篇《れきしへん》
忍《しの》びと忍術《にんじゅつ》　—忍者《にんじゃ》の知《し》られざる世界《せかい》—

著　者　山口正之
発行者　宮田哲男
発行所　株式会社 雄山閣

〒102-0071　東京都千代田区富士見2-6-9
電話 03-3262-3231㈹　FAX 03-3262-6938
http://www.yuzankaku.co.jp
E-mail　info@yuzankaku.co.jp
振替：00130-5-1685

印刷製本　株式会社ティーケー出版印刷

Printed in Japan 2015　ISBN978-4-639-02397-5　C0321
N.D.C.201　192p　19cm

雄山閣アーカイブス
シリーズ刊行のご案内

遊女の知恵

―上下巻―

二〇一六年春刊行予定

遊女の生活と手練手管の数々…。

不遇な境遇にありながらも、
たくましく、したたかに、
生きる遊女の生活を
詳細に浮き彫りにしていきます。

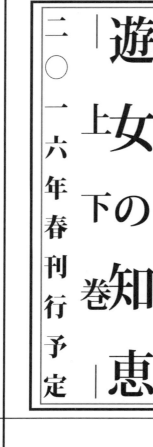